旅伴文库·散文精品城际阅读

聂震宁 / 总主编
王剑冰 / 主编

俗可以，别太俗

陈世旭——著

漓江出版社
·桂林·

图书在版编目 (CIP) 数据

俗可以，别太俗 / 陈世旭著 . -- 桂林 : 漓江出版社，2021.7
（旅伴文库 : 散文精品城际阅读）
ISBN 978-7-5407-8884-1

Ⅰ . ①俗… Ⅱ . ①陈… Ⅲ . ①散文集—中国—当代 Ⅳ . ① I267

中国版本图书馆 CIP 数据核字（2020）第 101092 号

SU KEYI，BIE TAI SU
俗可以，别太俗
陈世旭　著

出版人：刘迪才
丛书策划：张谦
责任编辑：辛丽芳
书籍设计：石绍康
责任监印：张璐

出版发行：漓江出版社有限公司
社址：广西桂林市南环路 22 号　邮编：541002
发行电话：010-65699511　0773-2583322
传真：010-85891290　0773-2582200
邮购热线：0773-2582200
电子信箱：ljcbs@163.com
微信公众号：lijiangpress
印制：三河市中晟雅豪印务有限公司
　　［河北省三河市泃阳镇错桥村　邮编：065299］
开本：880 mm × 1230 mm　1/32
印张：7.25　字数：85 千字　插页：16
版次：2021 年 7 月第 1 版　印次：2021 年 7 月第 1 次印刷
书号：ISBN 978-7-5407-8884-1
定价：35.00 元

目 录

Contents

识 世

律　己

总 序

聂震宁

“旅伴文库”乃应时而生的出版项目。当今之世，既是提倡全民阅读之时，又是全民旅行已成热潮之际，正应了古人“读万卷书，行万里路”的人生信条。究其实，现代交通工具大大方便了百姓的出行，旅行几乎成了普通民众的一种生活常态，“行万里路”已成简单的事情；而全民阅读则还在国家、社会的提倡中，普通人真正要“读万卷书”，似乎还比较困难。然而，唯其难，故而需要多方设法推动，长期用心提倡。漓江出版社策划设计这一文库，既顺应了现代人出行的需要，更是为全民阅读助力，颇具趁旅行热潮助推全民阅读，借全民阅读提升旅行质量的匠心。

相比较已经形成热潮的旅行，全民阅读似乎还不够热。尽管国家为倡导全民阅读加大力度，各级政府为开展全民阅读提供政策支持，每年“世界读书日”各地开展活动有声有色，“书香中国”活动在全国范围风生水起，家庭阅读、校园阅读、社区阅读、机关阅读渐次开展，有识之士一直在呼吁让阅读成为一种生活方式，然而，平心而论，许多主要是在外力推动下开展起来的阅读，距离“让阅读成为一种生活方式”愿望的实现，还有长路要走。

如何才能让这一愿望成为现实呢？我们以为，让阅读与日常生活相伴或许是努力的主要途径。全民旅行热潮形成，旅行已经成为普通百姓的一种生活方式，提倡在旅途中阅读也就是比较自然的事情。国际上曾有过“中国人不爱读书”的负面评价，评价者所举证的，正是旅行途中许多发达国家人士在读书，而许多中国人并不读书，颇使得极具荣誉感和自尊心的许多国人心中不爽。

其实，要改变这一国际负面印象并不困难，最直接的办法就是让更多国人在旅行途中读起书来。当然，在旅行途中读书并非为了做样子给国际人士观赏，挣回一点面子，而是全民阅读之树必然开出的日常生活之花。“旅伴文库”正是为了催生这美丽的花朵而做出的努力。“旅伴文库”的出版宗旨“人生漫旅，好书伴你”，就是出版人真诚而温馨的承诺。

事实上，开展在旅行途中的阅读，对于提高我国旅游事业的质量也是大有裨益的。对于国人的旅行，一直都有某些负面的评价，认为其盲目、简单、粗糙，缺少文化内涵和审美情趣，还有就是不读书。这些负面评价已经成为国民素质不高的重要证据。知书达理或知书达礼，不爱读书的民族谈何文化内涵和审美情趣！于是，近些年来，就有许多关于改善旅行生活、提高旅行质量的意见提出，其中有一条意见颇具感染力，那就是“带一本书去旅行”。

“带一本书去旅行”，其直接的用意是让人们在旅行途中闲暇时刻不至于无所事事。古人主张“第一等好事还是读书”，那么，人在无所事事时，第一等好事更应当是读书了。人在旅途中，休闲时也要保持着优雅的生活姿态，而阅读正是一个人最优雅的生活姿态。旅行是一个发现美、欣赏美的过程。“带一本书去旅行”，既可以读书明理，也可以直接帮助我们丰富旅行知识，探寻美的存在，增加旅行的深度和厚度。旅行即意味着暂时摆脱日常世俗生活的纷扰，暂时忘却生活中某些庸俗无聊的烦恼，所谓“偷得浮生半日闲”，让身心得到休养，那么，“带一本书去旅行”，可以借一本好书帮助我们超凡脱俗，让一本好书高雅的气质陪伴我们的灵魂，让一次次旅行成为与一本本好书相伴随的精神之旅。

应时而生的“旅伴文库”，其用意就是倡导“带一本书去旅行”，让精品图书成为旅行者的精神伴侣。在全民旅行热潮扑面而来的同时，也要让全民阅读热潮相伴而去，让“读万卷书，行万里路”的理想成为现实。

为了旅途阅读而设计的“旅伴文库”，自然要更多顾及旅行阅读的特点。旅行阅读当然是各有所好，可专门为旅行者出版的图书，则要更多体现旅行者阅读的便捷、休闲、审美、精粹等需求的特点。“旅伴文库”的各个子系列设计得很具匠心。其中，“散文精品城际阅读”系列，一辑只选七位作家，颇有“七剑下天山”的气概；每人每本不过十来万字，极大突出了精选的精神，再配上雅致便携小开本软精装，精编精印，想必能吸引读者眼球而令人求得一睹为快。“漓江的书，买了再说”，是20多年前本人在漓江出版社社长任上为该社拟定的广告语，出版人的自信自许，竟然在这个系列的设计中重新得以体会。

“旅伴文库·散文精品城际阅读”第一辑已经面世。入选的七人七种散文集，有刘亮程的《半路上的库车》、朱秀海的《一个人的车站》、王剑冰的《水墨周庄》、徐则臣的《去额尔古纳的几种方式》、陈彤的《玻璃栈道》、阿德的《北行记》和董谦的《种稻记》等。入选的每一位作家都以实力呈现，努力奉献自己卓具新意的作品集。

在邀约散文名家加盟过程中，编选者主张作品质量优先，新人新作质量必须上乘，而名作家则必须以力作加盟。第一辑的七人七书，完全可以称得上是精选精编而成，阵容齐整，一经面世，便引得许多读者兴趣满满，更使得出版社信心满满。于是，时隔不久，又有了第二辑的编选出版。

该系列第二辑的七人七书，出版社一如既往地精选精编。入选者有彭程、乔叶、陆春祥、顾建平、谷禾、陈世旭和王可越，阵容不凡，与第一辑水准相当。主张“真实是散文最基本的遵循”的彭程，他的《头脑中的旅行》一书收入了《自由在呼唤——从陶渊明到袁中郎》《漂泊的屋顶》《在母语的屋檐下》等9篇颇具思辨深度、文笔精准的佳作。被论者赞誉为“清新、隽永，如同她的人……让爱和温暖静静地流淌”的乔叶，她的《一杯白茶》一书收入了《卖麻辣串的女人》《薄荷一样美好的事》《跳面之跳》等25篇清新隽永的佳作。被论者指为“透着十足的智慧和无限趣味”的陆春祥，他的《霓裳的种子》一书收入了《〈霓裳〉的种子》《杂草的故事》《泥土去哪儿了？》等11篇既慎思明辨又智慧幽默的佳作。我的北大校友顾建平，他认为“散文是一种自由而真诚的文体”，其《冬天我到南方》一书收入了《冬天我到南方》《惠州秀才苏东坡》《几人曾见水流西？》等16篇自由而真诚的佳作。早些年被朋友指为“即便生活在北京，他选择的是生机盎然的通州”的谷禾，既是诗人也是散文家，他的《黑棉花，白棉花》一书收入了《一个人的河流》《等待戈多，等待贝克特》等32篇颇具乡土气息和文化意味的佳作。成名于20世纪80年代的著名作家陈世旭，他那部获得全国优秀短篇小说奖的杰作《小镇上的将军》让我们至今难以忘怀，他一直主张“讲普通人生活的故事”，他的《俗可以，别太俗》一书收入了《不与狗争道》《坏人的面相》《最好的风水》等43篇看似普通却一点也不普通的佳作。大学教授王可越博士，一位设计思维创新的资深导师，散文随笔不过是他思维创新中的灵感闪现，他的《万物与我》一书收入了200多个超短篇作品，内容涉及经验、对话、回忆、观看、幻想、梦境、道听途说，有诗有文，亦可当寓言、小小说来读，尤其适合旅行者在旅途中阅读，多得解颐之娱。

“旅伴文库·散文精品城际阅读”两辑共14种书出版，渐成大的格局和不凡气象，相信这不仅会成为散文界、出版界各位同好的共识，也会成为众多文学读者的真切感受。更重要的是，众多旅行者决心“带一本书去旅行”时，有这些可爱而精致、精美的口袋书可供选择，可以从中找到温情相伴的旅途伴侣，成为一次快乐旅行的美好开始，自然是一件令人愉悦的事情了。

2017年9月第一稿

2020年6月第二稿

聂震宁，第十、十一、十二届全国政协委员，中国作协全国委员会名誉委员，中国韬奋基金会理事长，中国出版协会副理事长，“旅伴文库”总主编。

生趣

活得有趣

有一种人之常情，就是喜欢和有趣的人在一起，只要有机会我就往有趣的人跟前凑。人活着是要有趣的，没趣还活个什么劲？有人认为，所谓高情商，就是有趣。有趣甚至是比颜值更大的魅力，和教养一样，是许多人的追求。

什么样的人才是有趣的人呢？各人自然有各人的爱好，我这里介绍一些古人的看法。

有趣的人很洒脱。战国庄子，老婆死了，他敲着瓦盆唱歌；自己要死了，安排后事时让弟子不必埋他，说：天地为棺椁，日月为双璧，星辰为珠玑，万物做殉葬，“吾葬具岂不备邪，何以加此！”生就自然而然地活，死就自然而然地归，用不着伤感，也用不着留恋。坦坦荡荡，无忧无虑。

这样的大自在自然也会让周围的人觉得自在。

有趣的人重情义。汉朝荀巨伯探望重病的朋友，正赶上胡人攻打城池。朋友让他赶紧离开，他说：我岂能贪生而毁道义？胡人杀进城，问荀巨伯：整座城都逃空了，你为什么不逃？他回答：朋友重病，我怎能扔下他不管！宁可用我的性命来换他。

胡人说：如此仁义，让人惭愧。竟不取城池，敛兵而去。

有趣的人有风骨。我的晋朝同乡陶渊明受了官场的窝囊气，撂下县令的大印就回了老家，一面做他的老农民“晨兴理荒秽，带月荷锄归”，一面做他的田园诗人“采菊东篱下，悠然见南山”。老友们欣赏他有趣，纷纷带着酒来见他，一帮人醉得七颠八倒，胡言乱语，没大没小。

有趣的人真率。晋太尉郗鉴让管家去丞相王导家挑女婿。管家回来报告：王府子弟个个好，只有东厢房一小子，袒胸露腹，不理不睬。郗鉴说：就他了。

这“小子”就是王羲之。成语“东床快婿”由此而来。

有趣的人慷慨。阮裕有一辆豪车，谁都可以借用。有个人想借车为母亲送葬，不敢说。阮裕知道后叹道：我有车别人却不敢借，那要车干吗？一把火把车烧了。

有趣的人喜欢大自然。有年春天，王羲之请了一帮名流雅集兰亭溪边，将盛了酒的觞放在木盘里，顺水漂流，流到谁面前，谁就作诗。

这便是“曲水流觞”。之后便有了天下第一行书《兰亭集序》，有了山水诗、山水画、山水书……有了真正意义上的旅游。

有趣的人有癖好。山阴一道士，为了打动王羲之，养了一群白鹅。王羲之见到这群白鹅，眼睛都直了。道士说：您若想要，就替敝观写一卷《道德经》。

王羲之当即提笔书成书法史上著名的《换鹅帖》。

同为山阴人的明末大家张岱说："人无癖不可与交，以其无深情也；人无疵不可与交，以其无真气也。"

有趣的人幽默。苏东坡参加科考，试题《刑赏忠厚之至论》，须用典。他信手胡诌："皋陶曰'杀之三'。尧曰'宥之三。'"主考梅圣俞不知此典出处，去请教欧阳修。欧阳修也茫然。梅圣俞只好说："需要出处吗？"揭榜时，欧阳修看到苏东坡大名，想："这样的才俊必有出处的。"答谢座主时欧阳修询问该典出处。苏东坡笑答："需要出处吗？"这样的无厘头反而让欧阳修看到才子的豪气。

上述的古人一个个活出了洒脱之美、情义之美、风骨之美、真率之美、人格之美、自然之美、癖好之美、豪爽之美……让人好不艳羡。在我的印象中，中国历史上，魏晋有趣的人特集中。他们全力追求“内不以自欺，外不以欺人”，全力追求“向外发现自然，向内发现深情”（宗白华），不仅自己活出了趣味，还将中国所有艺术门类都向前推进了一大步，创造了中国历史上很是有趣的时代。

有一点要特别说明：有趣的人首先是知趣的人。

唐代诗人崔颢写的《黄鹤楼》被推为唐人七律第一。李白读后大为折服，说“眼前有景道不得，崔颢题诗在上头”，搁笔而去。这虽然只是个传说，但至少表明，一个大家喜欢的人一定是知趣的人。某年我落住杭州西湖边一家文学社团的客舍，看见留言簿上之前住过的当代文人的仿古诗词，郑重其事地山寨“江南好，风景旧曾谙”“欲把西湖比西子”之类，直想吐。抓起电话就对其中一个能掏心窝子的朋友喊：哥们，能不能知趣点啊！

有趣绝不是强有趣，装有趣，秀有趣；更不是把肉麻当有趣，把犯傻当有趣，把恶搞、恶俗、恶心当有趣。那只能是无趣得很。有趣要求生命的最大广度和深度。真正活得有趣，就是把人生当作一次审美，注重生命体验，不求虚荣浮华，只求活出真我。

有趣其实很简单：一个人尽力把自己做到最好，有趣就来了。

对不起美食

中国古人就明白饮食男女是人之大欲，很讲究吃。《庄子·外篇·至乐》说："夫天下之所尊者，富贵寿善也；所乐者，身安厚味美服好色音声也；所下者，贫贱夭恶也；所苦者，身不得安逸，口不得厚味，形不得美服，目不得好色，耳不得音声。若不得者，则大忧以惧，其为形也亦愚哉！"一个人吃不好穿不好没得好看的好听的，样子就会苦巴巴的像个傻瓜。

因为重视吃，中国成为烹饪王国。几十个民族个个有特色美食。饮食文化绵延数千年，至今六万多种传统菜点，两万多种工业食品，风味流派五光十色。菜系分巴蜀、淮扬、齐鲁、粤闽四大系；菜肴调配四季有别。冬则味醇浓厚，夏则清淡凉爽。各种菜蔬更是四时更替，适时而食；讲究菜肴的美感，色、香、味、形、器的协调，就是菜肴的命名、品味的方式、时间的选择、进餐时的节奏、娱乐的穿插等都有雅致要求，立意新颖，风趣盎然。

重视药膳和进补的养生论，五味调和适口者珍的境界说，厨规为本奇正互变的烹调法，畅神怡情寓教于食的美食观，广视野、深层次、多角度、高品位，异彩纷呈。中国传统的阴阳五行哲学、儒家伦理道德观念、中医营养摄生思想，皆在其中。饮食文化博大精深，事涉国泰民安、文学艺术、人生境界等等，怪吓人的。

而今，美食更是成为一种社会追求。写美食故事让作家成了小说大师，讲美食知识让学者成了电视明星，晒吃喝的快活成为自媒体上的一个重要内容。一种基本人欲成了流行时尚，一种物质性成了精神性，总之“吃”成了一种最可骄傲于世界民族之林的“文化”。说中国是“舌尖上的中国”，没人认为是搞笑。真正是《晋书·傅咸传》说的“奢不见诘，转相高尚”了。

然而，我因为出身贫寒，生性粗俗，缺乏教养，对各种与美食有关的宣传，总是有点不以为然，甚至发生抵触，产生逆反心理。

窃以为，食物就是食物，从果腹到美味到摆谱，说大了天也只是人类生理活动的一种，某种食物好不好吃，全在各人感受，跟鞋子合不合脚只有脚知道一个理。美食，贵者山珍海味，贱者街边小吃，并无贵贱之分。制作虽不繁复，器皿虽不精致，排场虽不豪华，一样可得至味。我曾在鄱阳湖一个渔岛小住，夜里和当地渔民去收网取鱼，就在船上用湖水煮湖鱼，柴炉，铁锅，块姜，粗盐，水煮至乳白，其味直入心脾。我由此知道了鱼的真正鲜美。

某年好心朋友知我嗜酒，特地照顾，邀去真正驰名天下的一家酒厂蹭酒，小住二日，我仅抿过一小口就再不端杯。不日离了酒厂，在路边一个乡间小店喝到当地农家自酿的烧酒，竟然大呼过瘾，不醉不休，惹得同行一片耻笑。却因此记住，酒好不好喝，与是不是“皇家的”“宫廷的”“国际的”“世界的”……毫无干系，感觉只能是“自己的”。

囿于上述心理，饭局上一旦遇到特别精于美食又特别热情的主人，总是特别尴尬：一面饥肠辘辘，眼睛发乌，一心想着只要是能吃的就赶紧胡吃海塞填饱肚子了事；一面却不得不耐心倾听其对桌上美食如何是美食的极为细致的逐一介绍，保持足够的礼貌，频频点头，嗯嗯连声，极力显出谦虚和品位。到了终于可以放诞举箸的时候，主人精心讲解的那些，早已丢诸脑后，一通狼吞虎咽，舌尖上唯有酸甜苦辣咸矣。想想真是罪过，太对不起主人，对不起厨师，对不起那些劳神费力烹调出来的美食了。

不过，也许恰恰由于这种逆反，常常能够较为清醒地看到人们在美食追求上的若干负面。

其一，偏于肥甘厚味。古人发现，肥甘厚味的食物，亦即膏粱之食，“膏”指肥肉，“粱”指细粮，长期吃，吃多了，不但损伤脾胃，还易发生痰热和疮疡等病症。结果“厚味来殃……求高反坠，务厚更贫”（[唐]《艺文类聚》）。

其二，“吃名气”。有一年在杭州一个小招待所度假，同住的一对老夫妻特为品尝杭州一家著名酒楼的招牌菜“西湖醋鱼”而来。结果乘兴而去，索然而归。招待所的厨师怕他们由此坏了对杭帮菜的兴趣，次日在食堂预定的菜单之外，专门做了一个“西湖醋鱼”。老两口大快朵颐，对厨师赞不绝口。厨师淡淡笑说，“西湖醋鱼”不过是一道普通的家常菜，钱塘街巷间里的主妇几乎无人不会。

其三，变态。如所谓“打通视觉与味觉”的“人体盛”。

其四是最恐怖的“吃活物”。我在散文名家陆春祥的笔记散文中看到关于古人活吃驴肉的记载：“而醉酒的驴子，一刀一刀割着……被木板绑着的驴子，开水从头烫到尾。”还有活吃鹅掌、活吃猴脑、活吃鳖……“图的只是鲜活，血是鲜的，肉是活的。”种种惨状，折射出人性的卑劣与黑暗，想想就毛骨悚然。

先秦老子的《道德经》里有“为无为，事无事，味无味”的话，拿生活的常情——吃——做比喻：人要知味，必须首先从尝无味开始，把无味当作味。他讲的是“无为”哲学，但这个比喻的本来意思对我们的吃也未必不是一个有益的教诫：过度地追求美食不仅有可能不利于健康，更“往往是道德上的作死”（陆春祥《而已》）。诚哉斯言。

我的茶道

茶成为举国之饮，文人颇有功劳。

唐朝元稹有首一至七字《茶》诗：“茶，香叶、嫩芽；慕诗客，爱僧家；碾雕白玉，罗织红纱；铫煎黄蕊色，碗转麴尘花；夜后邀陪明月，晨前命对朝霞；洗尽古今人不倦，将知醉后岂堪夸。”对茶的特点、加工、烹煮、饮用、功效做了全面概括。李白、刘禹锡、白居易、孟浩然这类旷世酒徒，也遗有诸多茶诗，直接间接地几乎涉及茶叶作为产业和文化的所有方面。

“倚溪侵岭多高树”（杜牧），“尧市人稀紫笋多”

（释皎然），“春桥悬酒幔，夜栅集茶樯”（许浑），“三军江口拥双旌……水门向晚茶商闹”（王建），“商人重利轻别离，前月浮梁买茶去”（白居易），讲的是茶叶的收购、运输、贸易，使荒野变成繁荣的集市，军营变成茶樯林立、茶商喧闹的商埠，使商人抛下令大诗人泪湿青衫的哀怨妇人；“牡丹花笑金钿动，传奏吴兴紫笋来”（张文规），“动生千金费”，“所献愈艰勤”（袁高），讲的是宫廷贡焙；“圆似月魂堕，轻如云魄起”（皮日休），讲的是从一般饮具炊器中独立形成起来的茶具，不再是早期“或吟诗一章，或饮茶一碗”那样的平常饭碗或汤碗；“茗爱传花饮，诗看卷素裁；风流高此会，晚景屡裴回”（释皎然），讲的是由客坐敬茶而兴起的茶集、茶宴、茶会以及有明确目的和主题的社交活动。鲍君徽、王昌龄、钱起、李嘉祐都详细描写过这种饮茶礼仪。

“或饮一瓯茶，或吟两句诗……此日不自适，何时是适时”（白居易），“空堂坐相忆，酌茗聊代醉”（孟浩然），“水淡发茶香……钟声振夕阳”（刘得仁），“罢定磬敲松罅月，解眠茶煮石根泉”（杜荀鹤）……《全唐诗》凡提及茶事的诗歌中，诗人们在寺院饮茶的篇什，竟占到总数的十之近二。很显然，唐代上至帝王将相，下至乡间庶民，茶已成为“比屋之饮”。

丰富多彩的茶诗“通道复通玄，名留四海传”（吕岩），极大地开拓和提高了茶的精神意义，使饮茶从单纯的口舌之乐升华为高雅的文化享受，成为艺术和哲学。

茶与酒同为“国饮”，却质性殊异：酒易乱性，茶为养性。饮酒尽可豪放，人皆呼作英雄；饮茶则宜细致，否则难免“牛饮”之讥。醉酒固然造就了大诗人，也惹出了许多麻烦；有“醉茶”之说，却没有听说过醉了茶在茶楼题反诗的。某种意义上可以说，茶的“参百品而不混，越众饮而独高”正对了文人们清高自命的胃口。唐人认为，茶之为道，在“和、清、敬、寂”四字，这成为后来日本茶道的要义。也因此，西人认为茶“是东方赐予西方的最好礼物”。

受到所有这些的感染，我渐渐养成饮茶的习惯。不过以我的嗅觉和味觉的粗鄙，任何珍馐美味到我这里都纯是暴殄天物。我的饮茶，只在实用。日常饮用的多是乡间朋友自种的家茶：不施化肥，不喷农药，面积很小，产量不高，虽无名分，但不必提心吊胆。

我认识的人中，颇有几位品茶大咖，我因为愚钝，无从进入品茶者流，又因为收入远不可望非高价茶不饮的大咖之项背，因此常常不免受到大咖及其崇拜者的讪笑，但我并不因此就灰溜溜的。我曾向一位著名作家请教，其颇认同我的感觉：对某些茶商推销时非要扯上宫廷和高官很不以为然，至少在饮食上，宫廷和高官的喜好未必就必须是草民百姓的喜好，还是自己的口鼻胃肠更信得过。这样说并非排斥宫廷和高官喜好的茶，而是坚持以为各人自可有各人的选择。

那年我与一帮县乡文友在人烟稀少的幕阜山中涉深涧，越索桥，惊心动魄地徒步旅行。饥渴难耐时，忽听白云生处有人歌唱，细听是唤远来的我们歇脚。我们奋力攀登，见一小村，一众村民欢欣鼓舞，称此间几十年连乡干部也不曾来过。我们由此喝到自认是此生最好的茶：粗瓷大碗，盛爆炒芝麻黄豆，盐渍姜末菊花；大叶野茶，无名无姓无包装；清澈山泉，松木烧沸，滚水冲泡，色若琥珀，香若初蕾，醇厚如读古书，通透直穿心脾。正所谓“清水高峰，出云吐雾……饱山岚之气，沐日月之精，得烟霞之霭”（《清水岩志》），“饮之不觉两腋风生”，佐以农家小点，一干人不禁敞怀大呼：天下至茗，莫过于此！

野茶不入市井，遑论庙堂：自生自长，得天地精华，无污染之虞；或荣或谢，怡然自在，无邀宠之虑；山民采之，自制自饮，无赢利之欲，可谓神物。养在深闺人未识，也许是一种遗憾，但正因此，混浊的时世保有了一份本真，让有幸见识的人激赏恨晚，从此怀念终生。

这次饮茶经历，让我有两点觉悟：一、世上最有名的固然不乏最好的，然最好的却未必是最有名的；二、世上最珍贵的常常是无价的，凡有价的其价值都是有限的。

这可以算是我的茶道吧。

乡村的酒

作为世界三大酒王国之一，中国的甲骨文和金文都有“酒”字。先秦古籍完全与酒无涉的甚少。从《春秋》起，历朝历代正史记载了无数大事，也记载了无数酒故事。秦汉辑录帝王公卿谱系的《世本》说“仪狄始作酒醪，变五味；少康作秫酒”；西汉刘向编订的《战国策》言之凿凿：“昔者，帝女令仪狄作酒而美，进之禹，禹饮而甘之，遂疏仪狄，绝旨酒。”也有说神农造酒，甚至干脆就是“天有酒星，酒之作也”的。酒的历史实在过于古老，酒和人类似乎与生俱来。人类的祖先巢栖穴居就不仅嗜酒，且会“造酒”。“粤西平乐等府，山中多猿，善采百花酿酒。樵子入山，得其巢穴者，其酒多至数石。饮之，香美异常，名曰猿酒。”（《清稗类钞·粤西偶记》）“黄山多猿猱，春夏采杂花果于石洼中，酝酿成酒，香气溢发，闻数百步。”（《紫桃轩杂缀·蓬栊夜话》）

人类喜欢酒自然有道理，酒的好处太多了。

人因为酒，可以燃烧，可以冷酷；可以缠绵，可以毒辣；可以柔若丝绸，可以锐若利刀；可以放歌，可以恸哭；可以多情，可以杀戮；可以旷达放荡，可以舍生取义；可以翱翔于长空，可以沉沦于深渊；可以弃利禄，忘荣辱，合天人，齐生死。所谓“壶里乾坤大，酒中日月长”。有了酒，便可以褪去一切伪装，使身心毕露，“乘物而游”（庄子），获得一个绝对自由的时空。魏晋第一醉鬼刘伶的《酒德颂》写道：“有大人先生，以天地为一朝，万期为须臾，日月为扃牖，八荒为庭衢……幕天席地，纵意所如……兀然而醉，豁尔而醒，静听不闻雷霆之声，熟视不睹泰山之形。不觉寒暑之切肌，利欲之感情。俯观万物，扰扰焉如江汉之载浮萍。”以至于“以宇宙为狭”。

酒尤其有惠于艺术。一部艺文史，就是一部酒神舞蹈的历史。酒神在艺术殿堂的出没，使艺术之神心旌动摇，如痴如狂。醉酒使艺术家解脱束缚获得最佳创造力。对于浪漫的文艺家，酒的诱惑无可拒绝。尤其诗、书、画，几乎所有登峰造极之作的产生都与酒有缘，酒醉而成传世之作的例子在中国文艺史中俯首可拾。

中国如此，西人亦然。以葡萄种植业和酿酒业之神狄奥尼索斯为象征的酒神精神，“喻示着情绪的发泄，是抛弃传统束缚回归原始状态的生存体验，人类在消失个体与世界合一的绝望痛苦的哀号中获得生的极大快意”（尼采）。

名人如此，无名之辈亦然。我下乡插队的第二年初春，因为想多赚工分，挖渠时扭伤了背脊。当时全身僵直，仰面倒下。农场医院束手无策，第二天一早我被放进一只小木船，中午进了一家医治跌打损伤远近闻名的乡村医院。我在那里住了一个月，每天推拿之外，要服药酒。医师交代的服用量很小，每次几乎就是舌尖蘸一点。那是用当地农家土酿谷酒浸泡的药酒，造酒的工具和方法很原始：木甑、柴灶、纯谷，糟香数里外可闻，滴酒入喉如火而回甘如饴。一个月后，一市斤装的一瓶酒我毫不费事就一饮而尽。背脊伤痛痊愈之日，是我成为酒鬼之时。有一年冬天给人做屋帮工，那家知我好酒，任我尽兴，半夜大呼小叫而去。次日天亮，睁开眼睛，发现自己躺在堤坝外的一个水塘里，身子淹在结了冰凌的水里。此后醉酒成为我生活中的常事。最大的遗憾是止步于酒鬼而不能成为李白那样的酒仙。

喝了多年的酒，我对酒的所谓档次始终没有感觉。从来没有因为某种酒价格贵得如何吓人、包装如何豪华、广告如何魅惑而觉得它多么有滋味。在我的经验中，酒好不好，起决定作用的是它固有的品质。每与酒友小聚，首选的必定是当地民间土酿的谷酒。只要绝对没掺假，不管有名没名，于我都是玉液琼浆。从根本上说，酒首先作用的就是感官，而作用于心理的摆谱，对于类似我这样的粗俗但纯粹的草根酒徒，都基本不会在意。遇到愁事了，借酒浇愁；遇到喜事了，借酒助兴；什么事也没有，借酒消闲，如此而已。至于那酒是不是世界的国际的，是不是宫廷的国宴的，是不是千年老窖的万年古墓的，是不是喝了可以长命百岁万寿无疆的，都不重要。

而今，中国的各类名酒忽如一夜春风来，千树万树梨花开，但早年在那个乡村医院喝的农家土法造的纯谷酒，和第一次喝它时的那种神圣仪式般的紧张畏惧，却始终清晰如初，始终那么让我怀念。

微信的删除

曾写过一则谈微信的小文，谈到微信确实带来了人际交往的便捷，谈到看微信逐渐成为我的一种生活常态，甚至是精神上不可缺少的一部分。我生性孤僻，聚会参加得不多，看看朋友们陶醉胜景、饕餮美食、吟风弄月，总有一种别样的亲切，就好像参与其中，也是友情的一种延伸。有时，相互之间哪怕是只言片语或一个表情的交换，也使生活少了距离，多了温度。尤其同行朋友推荐的好书好文章，让我特别受益。

但微信也给我带来了先前并不存在的诸多困扰。

首先是无聊的信息泛滥：吃香喝辣，穿红戴绿，奉陪领导，沾光老总，邂逅明星，嘟嘴自拍，阳台的花开了，缸里的金鱼拉稀了，阿猫阿狗打架了，甚至被蚊子叮出了个包……没完没了的生活秀，以及心灵鸡汤、理财宝典、励志修身，甚至为某种评优、评奖投票，等等，让人应接不暇，莫可奈何，不点赞不近人情，点了又很反胃。

尤其让人不爽的是各类养生保健信息，毫无科学根据的自作聪明，臆想推测，以讹传讹，知之无用，弃之又好像颇有来头。最害人的往往是其中的谣言：

海鲜水果、牛奶榴梿、豆浆鸡蛋、豆腐菠菜……相克，香蕉、柿子、橘子、番茄、牛奶、豆浆……不可以空腹吃；反复烧开的水不能喝，味精加热致癌，胶带捆过的蔬菜甲醛超标，空心菜是“毒蔬之王”，小龙虾是某国害我族类的阴谋；生姜早吃是人参，晚吃是砒霜，早上的苹果是金，晚上的苹果不如铁；吃酱油变黑，喝牛奶美白，醋熏屋防百病，醋泡脚治脚气，醋泡食材软化血管，红酒保护心脏，茶排油减肥，红枣、红糖、红皮花生补血，骨头汤、鸡汤补钙，核桃补脑、蚕豆护肾、木瓜丰胸、黄瓜壮阳……林林总总，煞有介事。

某次与一位执医多年的朋友说起，他对这类群体性的愚昧深感忧虑，许多说法，听的人稍稍动一下脑子，稍稍懂一点常识，就马上会明白那纯属无稽之谈：

用塑料造假米、假紫菜、假粉丝、假鸡蛋，造假的成本明显高得多，造假的人岂不是脑子进水；给西瓜、火龙果、红心柚子注射染色剂，只能造成果实的腐烂；各种名目的“碱性水”“水素水”“婴儿水”“长寿水”，唯一的作用就只是补水；而请明星吹得神乎其神的燕窝，不但不养颜，还是一大过敏原；癌症是众病之王，倘若只是在某个地方媒体播出，或是在某个民间神医的信徒群里流传的某种食物或保健品真能防癌，早就轰动世界了，何至于那么憋屈；要是有摸一下就晕、闻一下就倒的药，医院早就用在临床了；各类媒体广告的那些医药要是都像说的那么灵验管用，还要医院做什么？“排毒”，“酸碱体质”，有实验数据吗？太阳底下原没有多少新鲜事，怎么那么巧都让他们发现了？那些号称传承千年、包医百病、十全大补的祖传丸散、宫廷秘方如果真像说的那么有效，我们至今为什么没见到一个真的“万寿无疆”？说穿了，“大补”与其说补的是进补者的身体，不如说是商家的钱包。各类所谓千金难买的救命神术、灵丹妙药，轻则让迷信者掉入劳民伤财的陷阱，重则使一些患病者放弃正规治疗，造成不可挽回的后果。真让人徒呼奈何！

为了不遭受无端骚扰，也为了不浪费时间，我一再请求热衷这类信息的好心朋友停止对我的发送。凡是收到这类信息，我连区分良莠的兴趣也没有，干脆毫不犹豫一律当即删除。无疾自安，有恙问医，犯不着在这些真假莫辨的八卦里纠结。并且根据累积的阅读经验，扩展到对其他信息仅看标题就直接删除，比如：

一惊一乍只顾博人眼球叫嚷“惊天黑幕”“某市一夜枪响不断”的；浅薄夸张声嘶力竭形容景色就是“美哭了”，嘲笑别人就是“吓尿了”，炫耀某物就是“逆天了”，以及“醉了”“跪了”各种“了”的；冠冕堂皇以势吓人声称多少权威机构认定、某某国际活动指定的；王婆卖瓜自卖自夸扬言可以救你一命、不看你会后悔一辈子的；人云亦云庸人自扰通知小行星接近地球严防辐射的，道德绑架威胁恐吓强迫如果你有什么感什么心就转发出去、不转你或你家人就会遭殃的，等等。

说话总还是实实在在的好。危言耸听，或巧言令色，甚至妖言惑众，只能让人觉得心术不正。

忘记一切不快

最近，一位朋友在微信里告诉我：他偶然知道一位多年的朋友对他存有某种误解，赶紧去信解释，却不料对方干脆从微信中删除了他。看着在微信通讯录消失的朋友，他起先很是恼怒，终于自我解嘲：事情发生在春季。以中医的见解，春季是上火的季节，肝火过盛便容易发怒。中医称为“善怒”“喜怒”：“肝为刚脏，喜条达而恶抑郁，在志为怒。”肝属于刚强、躁急的脏器，喜欢舒畅，不喜欢抑郁，反映到情绪的主要表现就是动怒。有鉴于此，我也就明白，我不应该报以同样的发怒。

我很钦佩这位朋友的豁达。

的确，恼羞不必成怒，发怒其实解决不了任何问题，相反只会自伤。

对别人不满，却不说出口，听任怨恨在心里越积越多，以为不原谅对方，必可让对方得到教训。其实，这样的念头很不明智。一个人怀着一肚子窝囊气，甚至连觉都睡不好，久而久之，终会发现，自己才是怨恨的最大受害者，被你恨得半死的那个人可能根本没有感觉呢。

当然，在我们的生活经验中不难发现，原谅朋友其实很难。因为人对朋友往往要求更高。原谅有两个前提，一是错误是一种误解，二是宽容大度。没有这两个条件，原谅就很难达成。但不管怎样，对朋友心怀怨恨总是不值得的。心理医生认为："记仇……就像一根刺，会一直扎在我们的心里……时间特别长……往往还伴随着忧伤……"潜留在心里的怨恨，会损坏生活中的许多美好。让人焦虑不安，备受煎熬。所有的关于人类负面情绪的研究证明：负面情绪让人沮丧，导致压力、头痛、失眠等等。同样的研究还表明：设法让自己消气，有助于恢复体力，停止失眠和保持心率正常，等等。要做到这一点，其实还只有一条老路：原谅。

不原谅，只会让对方对自己也紧闭心门，有助于恢复双方关系的契机也被拒之门外。一味让别人不快乐，自己并不会快乐。即便别人真的对不起自己，也用不着怨恨。因为这其实是拿别人的错误惩罚自己；记得太久，则是拿过去的错误惩罚现在。

有幸交往过，总是一种缘分吧。怨恨让心情坏了，不但对自己的健康不利，也让真诚的朋友不安。

记起一个唐代僧人的故事。有一回他出门云游，临行前吩咐弟子看护好他所酷爱的数十盆兰花。弟子们很听话，侍弄极为殷勤。但某夜狂风暴雨大作，次日天亮，因为疏忽而被遗忘在户外的兰花一片狼藉，弟子们懊悔不迭。数日后僧人归来，他们忐忑不安地上前迎候，准备领受责罚。不意僧人反倒宽慰说：当初我不是为了生气而种兰花的。

当然，受了刺激，生气是难免的。连曾国藩都说，“忿怒二字，圣贤亦有之”。关键是如果“特能少忍须臾，便不伤生”。明末文人申涵光认为，一个人发怒的时候，不但“光景难看”，而且“一发遂不可制”，其实过后想想，并没有什么特别的必要——“既过思之，殊亦不必”。性情的修养，不是为了别人，而是为自己增强生活能力。这里需要的是气度。一个有大胸襟、大气度的人，着眼于大处和长远，毁誉欣戚皆不足以动其中，方能担大任，成大事。这些我们一般人可能难以做到，但至少可以努力不把宝贵的时间和精力消耗在委琐的是非甚至误解中。

一个人在一生中会遇到各式各样不如意的人和事。为人既要有严正的操守，又要有容人的雅量。即便遇到横逆无理的人，即便被误解、被中伤，也大可不必火冒三丈，把自己降到对方的水准。

棋盲谈棋

围棋是一种智力运动，对弈双方的棋子仅以黑白颜色区分，可表面的简单却因其规则而千变万化。据说，棋之分黑白，与《周易》的爻之分阴阳相通。《周易》以两种爻的错综表现阴阳的消长，而其内在逻辑关系则把简单的两种爻组合成为能够自圆其说的符号系统。围棋除了“连”与“断”的辩证统一关系外，还含有“弃”与“取”、“形”与“势”、“内”与“外”、“虚”与“实”等辩证因素，从而以至简的两个要素的消长涵盖了繁复的变化与深刻的哲理。一黑一白，包罗万象，大千世界，尽在其中。令我极感神秘又心向往之。在我较近的朋友中，作家储福金下围棋有段位，并以围棋为题材，写了许多十分精彩的长、中、短篇小说。我十分羡慕，也下过决心学。可偷偷地试了几次，脑子里一团糨糊，除了一再证明了自己的愚笨，一无所得。

围棋的年头应该很久远。古人传说是尧为教其子丹朱发明的，意在让围棋超越智力竞技、智力游戏的层面，而与主流哲学、文化紧密关联。比如，有人“悟”出了围棋与天象以及《周易》的“同构”关系，说是“万有一千五百二十星，若以三十六乘之……恰与棋数无参差”；又比如，围棋有争胜与消闲的双重功能，恰与古代读书人出仕与归隐两种基本选择相似。于是，围棋在两个近乎相反的向度上又有了文化的内涵：一个向度是以棋理比喻政事、军事，乃至外交。身处庙堂的官员喜欢借助棋理说明政军决策的原则，动不动就“譬犹弈棋”“正犹弈棋”云云。寒酸落寞的文人又以棋比喻时局，如杜甫的“闻道长安似弈棋”、钱谦益的“由来国手算全棋，数子抛残未足悲”之类。

围棋的高深莫测，引人遐想，于是有了几近怪诞的传说：后凉灵帝吕篡是个围棋高手，一次对弈高僧鸠摩罗什，嘴里念叨“砍胡奴（指鸠摩罗什）头”，鸠摩罗什回应说“不砍胡奴头，胡奴砍人头”。没想到棋枰上的笑话竟成事实——吕篡夺帝位次年，被小名叫“胡奴”的侄子吕超杀死。

上面这些例子都挺严肃的。比较起来，我更喜欢围棋的另一个向度，就是把围棋作为一种纯粹的精神生活，超然于功名利禄之外。宋人喻良能有一首《弈棋》诗：“睡余无俗役，信手一枰间。胜负何须较，神情正欲闲。”称与朋友弈棋是与“俗役”相反的雅事，根本不在意胜负，追求的只是神闲、“信手”的潇洒人生姿态。

古人有大量作品把棋与琴、棋与酒、棋与山水园林等放到一起吟咏，借棋言理、借棋悟道，把围棋与人格、胸襟联系到了一起。《晋书》在刻画东晋谢安的“雅量”时，便主要借助了“弈棋”的细节：大敌当前，“京师震恐”，作为大都督的谢安，若无其事与人对弈，身处危局而能“矫情镇物”，成了千古佳话。

这方面，最传神的是苏东坡的几段文字。他也“素不解棋”，但这并不影响他对围棋意趣的深刻认识。他曾独游庐山白鹤观，看见里面的人大白天关门睡觉，只有“古松流水之间”传来弈棋声，“欣然喜之”，从此想学棋，却终是“不解”。他儿子苏过粗通一点（“粗能”），跟人下棋时苏东坡偶尔坐在一边，竟然看一天都不厌，写了名篇《观棋》，其中的“独闻棋声于古松流水之间”，何等清幽脱俗。而“胜固欣然，败亦可喜”，更是道出了围棋超越竞技的文化属性，成为千古传诵的名句。

因此缘故，我特别喜欢“坐隐”“手谈”这类围棋的别称。也更加明白，人生的许多事，胜与负、成与败、得与失并不是最重要的，最重要的是能够始终保持一种淡定的心情——尤其是在一个崇拜权、名、利，蔑视清、廉、耻的时态中。

爱自己的生活

也许是受了明清小说中那些对佛门不恭的篇什的影响，每有参观寺庙的机会，我总是站在外面等着同行的人。某次因为在一个商业气息太浓的寺庙外面等得太久，我忍不住说了句很难听的粗话，一位画家立即面色发白，厉声制止，说你这样得罪菩萨会遭报应的。他自己有过教训，多年前他与几位画家答应给一座寺庙作画，其他人都兑现了承诺，只有他忘了。直到一条腿痛得迈不开步子，看了无数医生都不见好，忽然想起他欠那庙里一幅画，赶紧画了送去，过了几天，那条腿不治自愈。这个桥段，朋友圈几乎人人知道。

但我颇不以为然。我的道理很简单：不是说菩萨慈悲为怀，所谓菩萨心肠吗？这么一点不敬就要报复，这样的菩萨还是菩萨吗！与此相对应的是，媒体上时有贪官为消祸免灾“烧头香”、暗中给寺庙巨额“捐款”的报道，我自己亲眼见到的这种官员也不止一位。果真灵验，菩萨岂不是贪官的同谋？这样的菩萨有必要信仰吗？持我这种认识的也包括了僧人。某次几个朋友访庙，我照例在庙外等着，身边一小儿问一妇人：“小姨家那么穷，还送那么多钱给菩萨，菩萨真能保证她生儿子吗？若不能，那她不是发傻吗？”那妇人怪小儿胡言乱语，大打出手，小儿大哭。一直石头般默然蹲在旁边的一位老僧忽然说：“这位大姐，你错了，你儿子对了。”

这些年忽然发现信佛似乎成了一种时髦。在我参加的有限饭局或茶座上，一帮人一旦坐下，必有一二男女声称已皈依佛门，伸出手腕，称那串木头珠子在哪座宝光大刹开了光，自己被哪位大德高僧收为了俗家弟子，等等，颇有高人一等、余者皆是俗物的自得。

我同样颇不以为然。道理同样很简单：即便信佛，信的也该是佛经佛义。所谓皈依，是皈依佛，皈依佛的宗旨，而不是对某座寺庙，甚至某个僧人的人身依附。“和尚”在佛教里不过是“导师”的意思，也就是帮助信徒了解什么是“佛”的人，是“佛”的“仆从”，是事佛的人，并不是佛的代表，更不是佛本身。信徒们给佛上香、上供、贡献钱财，僧人以之维持寺庙和僧众的生存，同时对社会回报以某种程度的积极作用，所谓“安僧护教，弘法利生”，多少说得过去，要求所有寺庙和僧人都像当年的百丈禅师戒律的那样“农耕并重”“一日不作一日不食”显然是不现实的。但打着佛的旗号以各种方式敛财致富，像俗世的“土豪”一样锦衣香车，招摇过市，这就很难说是“事佛”，倒像是“卖佛”了。握有某种权力的人常常把人们对权力的崇拜当成对权力拥有者的崇拜。西方的教士和东方的和尚，为上帝和佛代言，把自己当成上帝和佛，与世俗社会殊途同归。这样的“大德高僧”又有什么可“皈依”的呢？“皈依”了，又有什么可自得的呢？将“信佛”作为一种时髦加以炫耀，不过是一种俗世的虚荣，与声称以禁欲为戒律的佛门又何缘之有呢？

俗话说“地狱门前僧侣多”。而今许多国产山寨版的所谓“佛寺僧侣”与释家其实风马牛不相及，多是当事者用宗教的名义制造迷信控制思想进而牟利的手段。

我非信徒。以一个局外人对佛教极其有限的认知，释迦牟尼并没有自封为佛，也从来没有说要成佛。所谓“佛”，印度语的意思是“觉者”，即“有觉悟的人”。觉悟乃是人的常态，并不是要“达到”的某种目标，而恰恰是依据自己内在的力量从任何外界的教条中脱离出来。以某种“目标”诱导人是一种古老的诡计。在网上见到某位被媒体热捧的明星“高僧”的教训，说“人最大的迷妄是不知有来生”。作为对佛的理解，这本身就是一种迷妄。凡人诸善奉行、诸恶不作就是“彼岸”，就是“极乐世界”，真正向佛的人的正确态度应是只问耕耘，不问前程。释迦牟尼临终再三吩咐：“我什么法都没有留下！我什么都没有说过。”释迦牟尼希望人们分享的是“感觉它”。他再三强调“放下”“灭度”，让人放弃对所谓“佛”的“执迷”。而世人对寺庙、菩萨和明星“高僧”的盲目崇拜，事佛者从迷信人群手中掠取钱财的假慈善之类末法乱象，是与释的精神的背道而驰，最终只能损害佛教的声誉。此所谓“灭佛者，佛也”。

当一个人说他皈依了某寺某法师，他其实就在囚笼中了。世俗的宗教教条和仪式，都意在改变他人、取消他人体验自己内在智慧的可能性。即便讲“成佛”，也指的是成为普通的人，最可靠的“法门”

是亲自验证。一个人在心理上不依赖任何人、任何环境，不轻易接受未经自己探索和理解的某种“真理”，真正爱自己的生活，才可能有真正的生活。

这才是释迦牟尼给世人的真正启示。

不输的秘诀

股市的上一个牛市结束前夕，我的一位朋友把自己的全部积蓄加上七大姑八大姨凑拢的几百万元一下砸了进去，结果一夜之间股市狂泻，砸进去的钱全打了水漂。好在大家不急用钱，那笔钱就一直沉睡着。只是他心里的苦楚无处可说，年复一年，就像压着一块越来越沉重的石头。做梦也没有想到，去年末，股市忽然苏醒，他的几支股票也一支支吃了春药似的昂然而起。他每天祈祷并且默念：一旦可以收回本金就立即退出股市，结束一场历时多年的噩梦。一切如愿以偿，这一天很快就到了。他没有多想，迅即把手上的股票套现，那几百万元终于完璧归赵。唯一的损失是买卖的手续费，还有倘若当初不买股票而是存入银行的利息。他很得意。然而，隔了几天，听同事议论，当下股市如同疯牛，一路狂奔，不由回眸自己抛掉的几支股票，霎时心跳加速，呆若木鸡：那几支股票如果不抛出，就这几天时间，已是上百万元的增长。再几天，依旧是一路高歌猛进。他渐渐坐不住了。走得近的同事一再鼓动：这是百年难遇的发财机会，没听媒体说吗，这是政策股市，国家有心要让你赚钱，你干吗按兵不动呢？一切都来得及啊。在一个资本时代，钱只要不动，立马就贬值了；自然也有另一种劝告：千万稳着，疯狂绝不是好兆头。这样巨大的泡沫，也就意味着同样巨大的风险。想想巴菲特怎么说的吧。熊市说来就来，没准明天上午就出现山体滑坡了。

眼睁睁地看着有的人卖掉了刚装修好的改善房，大把钱投入股市，迅速奇迹般地增值，完全有能力进入股市的自己却把钱在手上攥出了水，金钱像河流一样在自己脚下滚滚流走，他真是五内俱焚。进，还是不进，成了一个哈姆雷特式的问题：生，还是死？

许是被纠结压迫得透不过气，他居然给我打了电话：知道你不玩这游戏的，旁观者清，想听听你的“高见”。正好微信朋友圈有一段话，我立即转给了他：

> 每次泡沫来时总有两种人，一种人不停地指出泡沫很快会破灭，另一种人欣然在泡沫里游泳。前一种人越来越聪明，后一种人越来越有钱。

在这段话后面我加了一句：我既不聪明，也没有钱。

你能不能把你的观点说得更明白些啊。朋友几乎是在求我。我于是给他叙述了一个苏东坡当年在惠州根据早年的亲历写的一则笔记：有个道士坐在国都开封的相国寺卖秘方，有个方子的扎封上写着“赌钱不输方”。有个年轻赌徒一掷千金购得此方，满心指望照方赌下去必致家财万贯。回家拆开秘方，只见上面写着：

“但止乞头。”

何谓“乞头”？宋朝时赌场老板向赢钱赌徒按比例抽钱，即现时俗称的“抽头字”。“但止乞头”，也就是但止赌博。

电话那头一阵沉默，然后放下了。

我后来听说，朋友还是进入了股市，并且直到我写这短文的今天都相当顺利。我为他祝福，祝福他总算打破两难的困境，做出了选择。在我看来，炒股还是不炒股，赢钱还是输钱，都不是最重要的，重要的是身心的安宁和健康。

真假将军腰带

因为家居的习惯，我穿运动衣的时候多。有位军队转业的朋友觉得我必要时还是该讲究一点仪表，于是送我一条他不再用的军用腰带。大约怕我不够重视，笑说：这可是将军腰带哦。

不久，我外出参加一个文学活动，郑重其事地系上了这条“将军腰带”。一帮人坐着闲聊的时候，细心的一个注意到这条腰带，我满脸得意地告曰：“将军腰带！”没想到惹起一片哗然：这哪是将军腰带！一位朋友立即从微信里翻出他那系着金光闪闪的真正将军腰带的岳父的照片，让我见识什么是将军腰带。在一片讪笑中我窘得真想找个地缝钻进去。一向自以为夹紧了做人的尾巴，还是得意忘形没有夹住。

自然，我这样的虚荣只是很浅薄的一种，后果也有限，最多就是自讨没趣而已。虚荣心理的表现是多方面的：对自己的能力、水平过高估计；处处炫耀自己的特长和成绩，喜欢听表扬，对批评恨之入骨；常在外人面前夸耀自己有权势的亲友；对上级拍马奉承；不懂装懂，班门弄斧，打肿脸充胖子；家境贫寒却大手大脚，摆阔气赶时髦；处处争强好胜，自命不凡；有失误即归咎他人，有缺点即寻找各种借口极力掩饰；对有才的人妒火中烧，说长道短，搬弄是非，等等。

社会学家认为：虚荣心是一种扭曲的自尊心，是自尊心的过分表现，是一种追求虚表的性格缺陷，是以虚假的方式来保护自尊的心理状态，是人们为了取得荣誉和引起普遍的注意而表现出来的一种不正常的社会情感和心理状态。虚荣貌似荣誉感强，但实际上是对道德荣誉的一种反动。

这样的说法似乎有点严重。事实上虚荣心是人类的一种普通心理状态，无论古今中外，无论男女老少，贫贱者有之，富贵者亦有之。谁没有自尊心？谁不希望得到社会的承认？这样的心理需要没什么不正常。妄自尊大，渴求赞美，看重别人的评价；喜欢攀比，有表现欲乃至嫉妒心，男人追求名誉、地位、钞票，女人追求衣着、容貌、老公，等等，这些都是我们随时可以见到的众生相。

凡人多多少少都有点虚荣，程度不一而已。虚荣心太强的人其实活得很累。他们挣扎在自信和自卑之间，“死要面子活受罪”：买车买房不是适用就好，主要是为了给人看，盲目求大、求体面，为了让人羡慕不惜背上一大笔贷款做车奴房奴；穿着打扮只追时尚，不管收入、职业和自身条件的限制，冤枉花钱却效果相反，得不到别人欣赏，自己也不开心。当无法比别人强时，就在与别人的差距中感受折磨与痛苦，完全失掉了心灵的自由、独立和持久的快乐。在物欲横流的今天，恐怕也没法指望人们像老子说的那样“为腹而不为目，故去彼而取此”了。

虚荣心很难说是一种恶行，然而不加抑制的虚荣心有可能导致非健康情感因素的滋生，以致失去从行为的社会价值来评价自己行为的能力，表现为可悲的甚至不道德的社会情感。对虚荣的变态追求，使社会浮夸成风，使个人丧失底线，不择手段，撒谎，投机，钩心斗角，以求使自己在强过别人的差距中获得快乐与满足，小则道德的沦丧，大则走向罪恶。一切恶行都有可能因虚荣而生。

因而，对虚荣心理的及时调整十分必要，最重要的是划清自尊心和虚荣心的界限，做一个诚实的人。千万别像寓言故事里的那只孔雀：为了展示自己美丽的长尾巴，被雨水打湿了也不肯飞走，终至被人抓住。

鸡汤好喝不解渴

我有位朋友在微信朋友圈的话框里每次都会发布一大段心灵鸡汤，都是最聪明，最柔和，最精到，最正确，最得体，最无可辩驳、无可非议、无可挑剔、无懈可击，最有道德高度的话。起先我饶有兴致，作文时还加以引用，但不知为什么，看得多了，渐觉过于甜熟，有种说不出的腻歪，终至关闭话框。

1993 年美国人杰克·坎菲尔与马克·汉森共同负责出版发行了《心灵鸡汤》系列：母亲鸡汤、囚犯鸡汤、祖父鸡汤、祖母鸡汤、孩子鸡汤、父亲鸡汤，等等，超过 200 种类别。进入我国后，蔚然成风，逐渐成了一种文体类型，产生了无穷无尽的故事和人生感悟。从前几年市面上随手可以买到的《读者》，到如今的微博、微信、QQ，到处充斥着这些内容。一个个“情感专家”“两性专家”“专栏作家”“著名学者”“全才诗人”层出不穷，他们以过来人或是专家的身份提醒：《姑娘啊，可长点心眼啊！》《人生不得不提的30个忠告》《遇到这种女人，请格外珍惜》《最想结婚的那个人不一定是最爱你的那个人，还可能是能在婚姻中获利最大的人》《最爱你的人，最后还可能不跟你在一起》《有钱的人，生活未必就一定幸福》等等，从而得到广泛追捧。

心灵鸡汤试图通过生动的故事或精练的格言和诗句表达出某种人生感悟，目的据说是给人以启发。果能如此，当然是好了。然而，我们常常看到的心灵鸡汤，不过是经由转换看问题的角度，把所谓“负能量”转换为所谓“正能量”，目的并不在解决问题。

不经意间看到一个视频，一个大学生问一位红极一时的人生导师："我和女友毕业留京，买不起房子，租房住着；朋友请吃饭，我们不好意思，因为没钱回请。我们可以说是一无所有。请问如何是好？"

导师的回答是："第一，你的多少同学想要留京没有留下，你留下了，还有了正式的工作；第二，你有一个能与你相濡以沫的女朋友；第三，你有朋友请你吃饭。一个人拥有这么多，怎么说一无所有呢？"

大学生顿时如醍醐灌顶："听你这么一说我突然挺高兴的。"导师莞尔一笑。

但问题是，买不起房、没钱请人吃饭，是物质上的困窘，导师却绕过了这些，把问题转到了精神层面。一个情绪失落的人被牵着鼻子转了一圈，忘记了问题的起点。但人不可能永远活在鸡汤中，喝完鸡汤，还得面对实实在在的问题。人生规划、职业选择、心智磨砺乃至理财方案，等等，才是最终的人生正题。一个有责任心的人生导师应该不会故意回避这样的正题。

心灵鸡汤中有个富翁和渔夫的故事，讲的道理堪称典范：很多时候别人孜孜以求的，正是我们现在拥有的，比起追求我们追求不到的，我们应该更加珍惜我们已经拥有的。道理似乎不错，但事实上，鸡汤作者有意忽略了富翁享受选择生活的权利，而渔夫为了生计，只能终日守在沙滩上，终老至死。这样的人生感悟，用来安慰自己可以，拿去启发别人，则显然是一种伪善。

大谈特谈这种大家都能判断的是非，就像说一个科学家的研究成果是洋葱可以让人流眼泪，废话而已。

世界上比道德败坏更可怕的是无知。道德败坏显而易见，而无知遁于无形。心灵鸡汤大都回避问题空谈道理，取意淫、诡辩和阿 Q 的精神胜利法，只能让人沉湎于一种虚幻的自得，变得思想懒惰以至于浅薄无知。心灵鸡汤也由此成为一种恶俗时代的鲜艳表征。

注重感性，忽略理性，重名轻实，指鹿为马，是非莫辨，黑白不分，用感性、道德、人情，取代理性、科学、法律，贯穿了几千年的历史。敢于直面问题，善于分析问题，懂得解决问题，由一个感性的民族转变为一个理性的民族，这是民族复兴绕不过去的一个问题。这些，恐怕都不是心灵鸡汤能带给我们的。

本色最好

老友从政多年，见识过各式各样的领导，印象最深的有两种：一种是喜欢说粗口的，大会小会把粗口当标点符号；另一种是喜欢讲理论的，本来是布置春耕生产，结果讲了一上午十九世纪俄国赫尔金的农业社会主义。老友究其故，发现，那位喜欢讲粗口的参加政治活动前原是中国著名学府的高才生，因为时风崇尚“大老粗”，他讲粗口是为了同“大老粗”们“打成一片”，也因此确实受到广泛的爱戴；那位喜欢讲理论的最早的职务是人民公社的大队会计，中间在一个学术单位管了几年车队、食堂、基建之类，他本人很不希望别人记得这段经历，做起报告来就满是那些零乱听来的理论术语和理论家名字，常常搞得牛头不对马嘴。他永远板着一张理论家的扑克脸，让人敬而远之，更说不上斗胆去纠正他了。他也就以为自己真的是国内一流的理论家、少有的学者型领导。

还有一位同行朋友给我说了他的一位女同事：永远是一副病恹恹、独憔悴的样子，有人问，她就反复说自己如何深受失眠之苦，一晚吃多少颗安定也不管用；聊起天来，她的话题永远是自己如何不会做饭，不会拿针，不会洗衣服，开车出门就回不来，把车开到乡下了还一个劲往前开，等等。我那位同行朋友有一次听得实在受不了，他和那位女同事同乡，知道她进城当专业作家之前在乡下挺能干的，就插话说：你直接说你是大作家就好了，用不着这么费心绕弯子。你肯定以为凡城里的大作家，大女作家都是要失眠的，都是生活上很弱智的吧。把那位女同事闹了个大红脸。

我听了哈哈大笑，觉得同行朋友有一点过分。喜欢“装”，原是中国文人的流行病之一。早年鲁迅就写过一种才子的梦想：“秋天薄暮时分，由侍女扶着，吐半口血，在台阶上看秋海棠。”

《庄子·天运》讲的东施效颦的故事众所周知，他说得也颇夸张：东施像心口痛的西施那样，也捂着胸口，皱着眉头，从乡里走过的时候，村里的富人见了，都紧闭着大门不出来；穷人见了，都带着妻儿躲着她跑。

事情应该没有这么严重。明末清初的李渔说得比较公道：“东施之貌，未必丑于西施，止为效颦于人，遂蒙千古之诮。”（《闲情偶寄》）的确，人本来未必那么丑，却因为“装”，反而丑了，反而要遭人讥诮了。

看来，人还是本色最好。把人做好了，把活干好了，别人自然敬重；相反，“装”暴露的也许正是自己最不愿暴露的不足和自卑。

你是公众人物吗

日前，某君从外省给我来长途电话，谈及他的近况：攻书画已臻佳境，足可标价售卖矣。但苦于有价无市，问我有否流通渠道，望施以援手。

某君的书画爱好我是知道的。早年参加文学笔会，我们时常有机会同行，又时常由人鼓噪当场写毛笔字。我自知即便认真也拿不出什么好货色，因而回回只当逢场作戏，纯是信手涂鸦，糟蹋笔墨纸张，任人当垃圾扫除。某君却是颇为认真的，谋篇布局，沉吟半晌；运笔挥毫，一丝不苟。而今多年不见，他又是个肯下功夫的人，相信其技艺的长进不是妄言。但诸如文章、字画这一类的手艺，一个人只要技术好就一定值钱吗？我还真不敢肯定。不好说这类手艺没有斤两，但真正识得斤两的人有多少？识得斤两又肯拿钱或拿得出钱的人又有多少？当年大书法家于右任曾公开挂出过润格，结果除了最初好友的捧场，求字者日稀，使他不得不最终撤下那润格，此后那些国宝级的笔墨只白白送人。晚年甚清贫，连付住院费都出现困难。

听我久无回音，某君在电话那边说："怎么不说话了，不肯帮忙啊？"我赶紧说，不是不是，却又不知如何应对。忽然想起不久前在一个会上偶然听到的一位京城朋友的话，说他认识的一位名人，字写得实在不咋的，求他字的人给的价却极高。原因很简单，就因为他有名气，是公众人物。于是我问某君："你是公众人物吗？倘是，不必求助于我；倘不是，那就只好在一边老实待着。因为多数人买字，买的是那写字的公众人物的名气。"

某君嘟囔道:“你说得有理，不过我想知道怎样才能成为公众人物？”

这次我应答得很快，途径无非有二：一条是正途，在自己的专业上搞出点响动来，比如拿个国际大奖，或出一部、数部发行量达百万、数百万的畅销书；一条是邪途，闹出个惊世骇俗的绯闻来，像有那么些所谓明星，先把自己搞脏，再把自己搞富，最后把自己搞干净。

当然，我必须声明，我的意思并非说公众人物都对钱有太大的兴趣。我十分尊敬的一位女作家，在国内国外的名气都很大，是名副其实的公众人物，但一家服装店想借她的名字做店名，为此每年支付足可令我这样的寒士心跳的姓名使用费，在我看来是天上掉馅饼的美事，她却拒绝了。

我说完这些，某君沉默了好久，终于黯然搁下了电话。我本想补一句：君子爱财取之有道固然是不错的，但那道的通与不通，怕还是要听其自然。

世上有许多事是没道理可讲的，重要的是放平自己的心态，不强求、不妄想那些其实并非必不可少的名利。以我对某君的了解，没有那些收入——倘其写字真会有收入的话，他的日子也足够滋润。把写字当作纯粹的休闲娱乐，一则与知己好友切磋愉悦，一则陶冶自己的性情，岂不亦是一种莫大的赏心乐事？我的北宋同乡欧阳修是大作家，比我们牛多了，他也是“有暇即学书”，但“非以求艺之精，直胜劳心于他事尔。以此知不寓心于物者，真所谓至人也；寓于有益者，君子也；寓于伐性汩情而为害者，愚惑之人也。学书不能不劳，独不害情性耳。要得静中之乐，惟此耳”。用现在的话说，写字不过就是“要得静中之乐”罢了，本是最应该“不害情性”的事。我们可能没法做“至人”，也未必那么“君子”，但不做“愚惑之人”应该还是可以的。

转而想，这是太一般的道理，某君不至于不明白，也就作罢。

善待自己

由市场化和全球化推动的现代生活，几乎是在瞬间就改变了人们的生活。长期高度竞争的状态，给整个社会心理带来了焦虑，给每个人的心理带来了巨大压力，引发心理枯竭，成为现代人的社会心理流行病。

所谓压力就是用来对付威胁的常规办法的失败。压力状态由两方面因素构成：一是威胁，也称“紧张刺激物”；二是由个体生理上可测量的变化和个体行为组成的反应。紧张刺激物分为两种：一种是物理的或环境的紧张刺激物，一种是心理的紧张刺激物。

物理的紧张刺激物，包括难听的噪音，恶劣的自然环境，拥挤的人群，某些与知觉相关的社会事件等；心理紧张刺激物，包括自我尊重受到威胁，完成智力任务的失败，个人目标受挫等。长期的心理压力会导致心因性疾患，猜疑、思维混乱、情绪不稳定、忧愁、烦躁、兴奋、悲伤、紧张、恐怖、呆滞、健忘、冲动、血压上升、头发脱落、失眠焦躁、饮食紊乱、性欲异常、行为退缩、孤独不群，甚至行为失控，等等。

心理调适于是成为身心健康的决定性因素之一。

压力因各人的体验而不同，有些事情可对某些人形成压力，而对另一些人并不形成压力。心理压力能产生两种作用：积极作用与消极作用。从积极方面说，压力可促使人们更好地工作、学习，适当的压力可增加工作学习效率。压力是生活和工作的必备刺激，缺少压力本身就是压力产生的诱因，成功地应付压力会导致较高水平的成就。其消极方面，则是有可能给人带来各种心理疾病与其他疾病。

专家认为，心理调适的路径，从个人来说，一是不把压力的情势看得过分严重。二是自我平衡，不做无谓的社会比较，不进行无谓的社会竞争。三是与人竞争不走极端，不给自己设置无法达到的目标。

心理调适就是要善待自己，懂得对自己好。首先是不跟自己较劲，不给自己设过高的门槛。让自己生活的选择范围尽可能开阔，给心灵以尽可能大的自由，不在不可能满足的欲望中挣扎。自己给自己留出了多少空间，就是善待了自己多少。心灵松绑了，就是最大的不亏待自己。

最近在一则资料上看到，美国一项新研究发现，把自己的人生目标定得很高的人，如愿以偿地读了早已认定的名牌大学，有了收入可观的职业，但却比那些当时在他们看来没有什么抱负的同龄人更不快乐，寿命也短。

这项研究似乎印证了我多年前的一个认识：儿子从小学到中学，即使有机会我也从不主张他跳级，参加超前培训，上所谓“跃进班”“少年班”“素质班”之类；放了学尽可以跟同学踢球、“官兵捉强盗”、看电视、打游戏机，各科成绩只要求保持在班上的中等偏上水平；高考绝对不必定位所谓一流名校，任何一所正规的普通大学，考上就行；将来毕业，能在中学教书足矣——他的中学老师个个活得有滋有味，我挺羡慕的。我这观念形成的原因有两个：一、心疼儿子，不忍看他小小年纪就投入人生的战争。人生即便百年也是那么短暂，失去童年少年那就太惨了。二、母亲的教诲。她在我小时候就对我说，一个人不必太要强，能挑一百斤的担子挑八十斤就好。这成为我一生行事的原则之一。写作上“偶得所感，作文遣兴”，对成就卓著、如鲲鹏扶摇的同行深表敬仰：“鲲鹏扶摇，恭贺新禧”；自己则满足于“蓬间雀”的小打小闹：“蓬间雀戏，不亦乐乎！”写作虽无成绩但是一件乐事。

不跟人较劲的要点是尽量放宽心胸，莫使心胸狭隘：在任何情境中都积极乐观，着眼长远的利害；对生活多欣赏，少抱怨，设法改善不如意之处；设定积极而可行的生活目标，然后全力以赴，但不期望只能成功不能失败；不使生活僵化，尽可能放松身心；坦然与人相处，让别人看见长处和缺点，也让别人分享快乐与痛苦。日前朋友转发我一则短信，跟此要点相关，我觉得挺精彩的，转录如下：

“发怒是用别人的错误惩罚自己，烦恼是用自己的过失折磨自己，后悔是用无奈的往事摧残自己，忧虑是用虚拟的风险恐吓自己，孤独是用自造的牢房禁锢自己，自卑是用别人的长处贬低自己。放下这些，你将无比快乐！”

有鸿鹄之志，又才华杰出的人自可追求高远的生活目标，创造辉煌的事业。但对我们多数人来说，在平凡的生活中去把握幸福与快乐也许更靠得住。

我浅薄，我快乐

有一次，一位读者带了一张我写的毛笔字来找我，这张字他是在地摊上买的，价钱跟一斤青菜萝卜差不多。问摊主那张字是从哪里来的，摊主说是从一个收破烂的手上买的。这位好心的读者出手从收破烂的手上买下，是觉得那价钱让我太丢人现眼。

这张字是我在一个许多人起哄的场合给一位半生不熟的朋友写的。当时正在兴头上，觉得对谁都没有拒绝的道理，有求必应，绝想不到那“墨宝”会有如此悲惨的沦落。

这种难堪事在我不是第一次。记不起从哪年开始，为了排解无聊，我偶尔操起当年父亲命我描红的旧业，却无意中赶上了一波新的时代热潮，普天下的书法家，忽如一夜春风来，千树万树梨花开。我混迹其中，又甚虚荣，好表现，每到一地，只要有人开口，即捋起袖子，挥毫泼墨，整个一个人来疯。至于自己的字是“墨宝”还是鬼画桃符，人家是真当回事还是假当回事，是真“求字”还是出于礼貌，想也不想。一个劲写得豪情满怀，得意忘形。全不顾一大碗墨汁耗完，一大沓宣纸涂完，究竟值不值得。回头有人将其当废纸清掉，当是很自然的事。偶然听到这样的结果，心里难免不快，但下回一到场合，依旧又是豪情满怀，得意忘形。

这就未免浅薄，但我并不为这浅薄后悔。其依据来源于鲁迅的论刘半农。

因为《新青年》，鲁迅结识了刘半农：“半农的活泼，有时颇近于草率，勇敢也有失之无谋的地方。但是……心口并不相应，或者暗暗的给你一刀，他是决不会的。”他们“多谈闲天，一多谈，就露出了缺点……但他好像到处都这么的乱说，使有些‘学者’皱眉……那些人们批评他的为人，是：浅”。但“假如将韬略比作一间仓库罢，独秀先生的是外面竖一面大旗，大书道：‘内皆武器，来者小心！’但那门却开着的，里面有几枝枪，几把刀，一目了然，用不着提防。适之先生的是紧紧的关着门，门上粘一条小纸条道：‘内无武器，请勿疑虑。’这自然可以是真的，但有些人——至少是我这样的人——有时总不免要侧着头想一想。半农却是令人不觉其有‘武库’的一个人，所以我佩服陈胡，却亲近半农”。“半农确是浅。但他的浅，却如一条清溪……如果是烂泥的深渊呢，那就更不如浅一点的好。”

可惜的是，如此热情洋溢的评论却伤害了刘半农，因为他心里其实向往着“深”，哪怕是烂泥也可以。刘半农后来“渐渐的据了要津”，鲁迅“也渐渐的更将他忘却”。

但先生称赞的刘半农如一条清溪澄澈见底的“浅”，我却是记得甚牢，并且愿意引作一种做人的态度。刘半农是大教授、大学者，有过“江阴才子”“文坛魁首”之誉，我自不可与之同日而语，我愿意模仿的只是他的“纵有多少沉渣和腐草，也不掩其大体的清”。

《宋史·傅尧俞传》有“尧俞厚重言寡，遇人不设城府，人自不忍欺”的话。“胸无城府”本来是好话，后来却常常被用来形容人没心没肺没心机，说白了就是单纯，更有的干脆当作贬义词用，就是没文化、没学问的那种。即便这样，我也觉得这样的人比那些阴鸷深沉、内心像城府一样难于揣测的人要好。一个人坦坦荡荡，朴实无华，心灵如蓝天一般透明，尤其在今天这样一个功利至上的年代里，是怎样的难能可贵。

就个人而言，自然豁达地活着，真心诚意地做人做事，脑子里干干净净，没有乱七八糟的情绪，不用患得患失，焦虑不安，我想，这比什么都好。我们既不是天赋异人，也难以成为圣人，以庸常的资质过着庸常的生活，浅薄一点又何妨？人活一世要老是端着、猜疑着、算计着，那也太辛苦了。

草根之道

这些年收藏热大兴，文坛也蔚然成风。凑到一块，一个经常的话题就是收藏。收入不错的展示、鉴别、比较、评判各自收藏的玉器、珠宝、红木、书画；收入有限的翻出多年积累的、从多种场合获得的大师签名的信封、折扇，乃至餐桌上的菜单。每次在一边看热闹，为他们高兴之余，我总忍不住问一个很二的问题：仅就个人而言，没事搜罗些跟日常生活相关的小物件作为纪念不失为一种闲情逸致，除这兴趣之外，收藏是不是还有更大的意义？回答也总是十分肯定的，其中最大的意义之一是，所有那些不可再生的藏品，都会升值。说不定你哪年花五毛钱从乡下人手里买的一个小酒盅，有一天会在拍卖会上拍出五百万元。一次全国性会议，一位国家钦定的大师反复提醒一同与会的非大师们购买会议的首日封让他签名，说这签了他大名的首日封会很值钱的，各位千万不要错失良机。随朋友去一位在职官员的乡间“茅舍”参观他的收藏，且不说那些被双目凶光毕露的大狼狗看守的古玩库房，光是地下酒窖就让我看傻了眼。至今记得这位官员说得很经典的一句话：财产保值的最佳方式就是收藏。

很关键的是，这类预期最终兑现的例子还真不少。早年去云南采风，一位同行当时以八百元购得的一个玉质小挂件，而今的价格已在百倍以上了。一位移居海南的同乡同行某年用几万元收得的一张花梨木床，而今有人私下以一百五十万元求购而他坚不撒手。

又由收藏派生出许多生财之道，比如鉴宝。我认识的好几位同行，就因为投身鉴宝且专业精进，在鉴宝界如日中天，以至人们今日只知有鉴宝专家某人，而不知曾有作家某人。由鉴宝而获得的收入自然也是可观，一改往昔爬格子赚稿费的困窘。

这样的前景当然诱人。

追求财富，是人的正当权利。所谓君子爱财，取之有道，以收藏取财，是“道”的一种，不容置喙的。但也许因为不在其中，我的认识总是倾向于消极，看到的也总是消极的现象，属于吃不到葡萄就说葡萄是酸的那种。

单位一中年同事，平生最爱者有二：一是漂亮老婆，上班或出差，隔不到一两个小时就要给她打电话；二便是收藏，所有空闲时间、所有温饱之需以外的开支，都交给了古玩市场。好在老婆贤惠，从不讲吃讲穿难为他。使他二爱高度统一，很是幸福。为了开我眼界，他再三邀我去他府上。本来就极逼仄的两室一厅，所有的门窗都扎着密实的铁栅，拉着厚重的窗帘，除了床和饭桌，凡能搁东西的地方，都被锈迹斑斑、泥痕累累的各种坛坛罐罐塞满，幽暗的屋子里浮荡着阴沉腐朽的气息，很憋闷，让我觉得下了一处古墓。礼貌地跟在津津乐道的主人后面走了一遍，我就赶紧告辞，心里有种说不出的不祥。几年后，忽然听说这位同事的爱妻病故，这位同事自己也身染重疾。不敢将其病因与其收藏相联系，但长期过度的节衣缩食不利身体健康是可以肯定的。

这同事在泱泱收藏群体中自然属于草芥，不足为训。而大至海南同行那样的收藏大家，前些时也从网上看到他遭绑票幸被警方解救的消息。《老子》中有句话说是："甚爱必大费，多藏必厚亡。"颇有点危言耸听的意思。

当然，所有热衷此道的朋友并不会因噎废食，只有我这样的庸人才会视为畏途。年前在广州与云南、广东的几位同行聚会，他们都是收藏爱好者，我以上述负面例子证明：收藏是福亦是祸。与其惹来那么大的麻烦，何如我这样一身轻松，出门不怕绑票，家里不忧失窃。财产多了就是个负担，死了带不走的，灵车没有行李架——后面这句话是我从前任省委书记的廉政报告上听来的。当然，带不走可以留给后代。但如果后代要靠变卖遗产度日，那岂不是家门的不幸？如果后代活得根本可以不打遗产的主意，那遗产又有何用？

毕竟是同行，对境况不如自己的朋友会有温情的体贴。一阵沉默后，云南作协主席黄尧兄说，这也是一种道，一种同样经典的草根之道。这话说到了我心里。处在一种以财富为尚的世态，一个不具备攀上富豪高峰所需各项资质的人，所能依靠的精神支柱也只有这样的“道”了。重要的是，以我的经验，它靠得住。

识 世

这其实是虚伪

看到一位朋友写他守约的博文：接到同事庆生派对的请帖，冒着瓢泼大雨打伞蹚水赶去约定的酒店，要了杯啤酒坐等了几十分钟后，确定除了他以外不会再有人来。不免沮丧的同时因自己没有违约而感到心里踏实，安心回家。第二天遇到同样接到请帖的同事，对他颇为不解："下那么大雨，你还去了？"他坚持认为：既然约了，就要履约。尽管他"和过生日的那位仁兄关系很一般，说是好友也很勉强，不过是拉去凑数的那一类，也不会因他的冒雨赴约就要好起来"，他之所以那样做，仅仅是为了

“不负”：不负人家的邀请——毕竟并不是每个人都能去凑数的。

这则博文让我想起了小时候看过的一篇课文：下午，一帮孩子玩军事游戏，其中一个的任务是隐蔽待命。天黑了，其他孩子都回家了，忘了通知那个“隐蔽待命”的小可怜，他就一直在黑暗的树林里傻等着命令，因为害怕而颤抖哭泣，但绝不离开，直到父母找来。

两个故事比较，后面这个诚实的孩子让我现在想起来还禁不住一阵阵心疼，而前面那位履约者却让我心里有一种说不出的味儿。仅仅是为一位“关系很一般，说是好友也很勉强，不过是拉（自己）去凑数”“也不会因他的冒雨赴约就要好起来”的“仁兄”的一纸“帖子”，就一定要冒雨前往，并且眼睁睁看到没有自己之外的任何人——包括发帖子的主人本人，还结结实实地“坐等了几十分钟”，回去还“仅仅是为了不负”而深感“踏实”，我实在很难判断这样的“不负”究竟是一种可爱还是一种不智。“帖子”只是邀请方的意思，被邀请方可以接受也可以不接受，并不是双方的契约，不存在“负”与“不负”的问题。跟那位等待命令的小家伙满不是一回事：虽然是游戏，但既然参加了，就应该遵守规则！这叫品行。而雨天在酒吧独饮，其实挺惬意的，一个不讲诚信的人一样享受。

比这更让我觉得匪夷所思的是博文里讲的另一个“不负”故事：一个西服店的裁缝每次西服挂完里子要封口时，总要费力地把衣服里子从那开口处翻出，仔仔细细地剪去上面的线头。他明明知道“那些线头即使不剪也永远不会有人看见，并且既不会使西服挺括一分，也不会因此而招徕顾客，他只是为了“不负于手艺，不负于心”，“这样做了之后，心里就踏实，就可以坦然面对顾客”。但“没过多久，他就因生意清淡而关门了”。

这样的“不负”，意义何在呢？我思之良久，不得要领。

《庄子·盗跖》里写了一个“尾生抱柱”的故事：有个名叫尾生的傻小子，与一位美女一见钟情，女方父母反对，二人决定私奔。尾生提前来到约定的桥上等候。不料，突下暴雨，山洪暴发，淹没了桥面，尾生死死抱着桥柱，至死不离。被父母禁锢的美女夤夜逃到城外桥边，看到洪水退去紧抱桥柱而死的尾生，悲恸欲绝，与之相拥投入滚滚洪流……现在听来，这是个老套的故事，但我选择宁信其有。毕竟，较之而今，那是个淳朴得多的年代，且又是为了让人要死要活的爱情。我困惑的是，倘若尾生当时及时离开桥面，跑到河岸一个安全的高度，不一样可以等到心爱的姑娘吗？何至于白白送掉两条性命呢！庄子借盗跖的口很不客气地批评说，这一类人跟肢解了的狗、沉入河中的猪以及拿着瓢到处乞讨的乞丐相比没有什么不同，都是重视名节轻生赴死，不顾念身体和寿命的人。

毫无疑问，诚实无欺，信守诺言，言行相符，表里如一，内诚于心，外信于人，是做人的基本要求。千百年来，人们都在强调人与人之间的真诚相待，诚信被视为自身的行为规范和道德修养。

然而，所有的理念包括道德都只是准则，而不是目的。为“道德”而道德，把某种所谓的“道德”行为强调到不适当的程度，“饿死事小失节事大”，那么别人只能觉得：如果不是迂腐，不是强迫症，不是缺心眼，那就难免被人认作虚伪，这种诉诸文字的张扬，也就恰恰是不诚实。

富不一定贵

去年，一位朋友热情邀我去他老家过春节，说过年的乡下绝对是“一道靓丽的风景线”。我虽然早年曾下乡务农，但一到过年就回家探亲，从来没有在乡下过过年。于是应邀去了，果然大开眼界。

那个村子平时几乎空心，青壮年都外出打工或做生意了。过年纷纷从四面八方回家，热闹非凡。最重大最核心的内容就是面子的比拼：哪家带回的钱多，哪家开回的车好，哪家带回的女子漂亮，哪家办的酒席丰盛……特别有钱的几家，夜里放炮仗、焰火谁也不肯先停下。有一家承包矿山赚了钱的为了压过见人派发利是（红包）的邻居，干脆直接从楼上往下撒钱。好笑的是，人们捡了钱都指着楼上喊：你们是不是疯了，要不要我们叫 120 啊？

朋友告诉我，其实村里最富有的并不是那几家，只不过不这样疯疯癫癫张扬罢了。乡里条件最好的一所初高中全日制中学，就是他们村一个大户捐的，落成剪彩时人家派了一个手下参加，自己多年没有回来。

改革开放的确让一部分人先富起来了，那部分人中，许多人觉得富了就是贵族，就是庄园别墅、豪车美女，就是挥金如土、花天酒地。实际上，别说那些有仇富心理的人了，就是稍稍有些品位的富裕阶层的人也会对他们十分不屑，嗤之以鼻，耻于与之为伍。十九世纪的法国大作家巴尔扎克就在他的巨著《人间喜剧》里把这一类“土鳖”“土豪”骂得狗血淋头，一钱不值。

乡村有这样浅陋的认知，城市人的意识也一样有类似的误区。我认识的朋友中，有人写影视剧本赚了钱把孩子送到外国上贵族学校，却发现孩子在那里睡的是硬板床，吃的是粗茶淡饭，每天受的训练比平民学校学生还要苦，觉得上了大当，花了大把钱送孩子去外国受教育，孩子过的却是这种苦行僧式的生活，后悔没有事先弄清情况。

朋友的错在于他们不了解人家崇尚的并不是暴发户精神，并不是同平民精神对立，更不是奢侈靡费，而是要在教育中培养一种自律、自尊、勇敢、合作的精神以及荣誉感和责任感，一种对民族性格和世道人心有着长久影响的道德理想。

英国最著名的贵族学校伊顿公学就用这种方式培养出了很多优秀的人物，比如世界军事史上非常有名的威灵顿将军，就是它们的高才生。最后打败拿破仑的那一仗，他冒着炮火站在前线，参谋人员再三劝说无果，只好问他万一阵亡了有什么遗言，他头也不回地说："告诉他们，我的遗言就是像我一样站在这里。”

美国的洛克菲勒家族可说是个金钱帝国，但小洛克菲勒在上大学的时候，过的却是贫穷的生活，自己烫裤子，自己缝纽扣，不抽烟，不喝酒，不随便到剧院去看电影，和他老爸一样，把每一笔开支都记在小本子上。看起来小气得要命，但他们却是全世界最为慷慨的慈善家族之一。俄国作家托尔斯泰是百分百的贵族，他在 83 岁高龄时放弃了自己辽阔的庄园，把所有的家产分给穷人，最终像流浪汉一样死在一个小车站。奥地利作家茨威格说：“这种没有光彩的卑微的最后命运无损他的伟大……如果他不是为我们这些人去承受苦难，那么列夫·托尔斯泰就不可能像今天这样属于全人类……”

在许多人看来，富与贵没有区别。但事实上富与贵并不是一回事：富是物质的，代表的是财富；贵是精神的，代表的是尊严和品行。法国政治学家托克维尔说：贵族精神跟物质条件，有的时候可以说没有什么关系。

有钱，富有，未必就一定尊贵。尊贵是一种气质，这气质包括：坚韧、宽厚、良知、友爱、悲悯、干净、清洁、优雅、自信、不骄、不媚、不卑、不亢，更不炫富摆阔，以及对审美和高尚行为的追求与拥有。真正的尊贵，是一种文化教养，具有知性的自主性，与其品德、学识、行为相符合。否则，即使其权倾天下，富可敌国，亦难免流于庸俗。真正的尊贵压根不是用钱可以买来的。非要撒钱去买，只会显得愚蠢。以为形式上的华丽、气派、显赫可以给一个人甚或一个群体带来尊重，很大程度上其实是一种错觉，这种肤浅的虚荣即便营造得再宏大再精美也往往不仅不能赢得尊重，反而有可能让人觉得幼稚、粗俗、可笑。

不与奴才计较

我的一位同行年轻的时候去一个厅局采访。这个厅局的一把手请求省领导派一位得力的笔杆子去写他们的政绩。我这位同行是当地社团的主要负责人，省领导当面向他交代任务，又当场给那个厅局一把手打了电话。完全没有想到，当他去到那个厅局一把手办公桌前自我介绍之后，对方看着文件，没有抬头。迟疑了一会，他再次自我介绍，对方才一言不发地抓起电话。一会来了该局政工部门的一个普通干部，把他领出了一把手办公室。

我的同行对此并无意见，只是觉得那冷淡有点奇怪。忽然想起来，省领导给这位一把手打电话时，对方问了一声“他坐什么车来”。

问题就出在这里。照我的同行当时的职务，单位是配有小车的（那时没有车改一说），但他觉得没有必要，到哪都还是骑自己的破旧单车。这让那位一把手把他当成了一般干部。

但即使就是一般干部，也不一定就必须要受这样的冷遇吧。

多年后，那位一把手退休，因为喜欢画画，加入了省里画家的社团。又因为希望自己的画能卖钱，想要当该社团的主席，至少副主席，于是来该社团的上级走门子。这次，坐在该上级一把手位子上的我的同行赶紧站起来，又是让座又是端茶，一口一个“老领导”喊得和颜悦色，不厌其烦地解释社团主席、副主席的产生规则，反复说明自己只能照章办事，希望对方理解，当然也希望对方在遵守规则的前提下如愿以偿。对方大约想给他留一个好印象，离开时不停地点头哈腰。他也一直以礼相待，直送到大门以外。

事后在一次闲聊中他不经意说起这些，我对他的彬彬有礼很不理解。他不是虚伪的人，一向待人谦和惯了，但多少总要分一下对象吧，便直言道：

凭什么跟这种人客气？他们浑身浸透了奴性，除了膜拜权力，压根不知平等为何物，连自己也看不起。他们之前的傲慢其实源于自卑，傲慢不过是对自卑的掩饰而已，有权的时候所以摆谱，恰恰是因为欠缺自信。

他们觉得不平等是天经地义的事，既不能平等对待别人，也不能平等看待自己。在强者面前奴颜婢膝，在弱者面前趾高气扬；见到地位高于自己的人，立刻猥琐得像张爱玲小说说的“恨不得低到尘埃里”，遇到地位低于自己的人，立刻露出小人的狂妄。

鲁迅对这种人有过辛辣的鞭挞：见到绵羊变成

豺狼，见到虎豹变成绵羊，秉性就是奴才，在主人面前唯唯诺诺，在比他低级的奴才身上发泄从主人那里受的屈辱，而低级的奴才又会把这屈辱加倍发泄到更低级的奴才身上。

他们崇拜权力，对官阶充满了艳羡和敬畏，一切以官为本位，一切向官阶看齐，用官阶的高低确定人的价值。某种程度，这几乎是一种集体无意识：当官可以鸡犬升天，可以扬眉吐气，可以光宗耀祖。乡村的祭祖和家谱以官阶排名，不管自己的日子如不如意，如果同宗有高官，或曾有高官，甚至几百年前传说的高官，也会成为宗亲们津津乐道的事。朋友聚会，更是以官阶为主题，谁的级别高，谁就成为聚会的中心。仅仅只是认识官员，也是荣耀的资本，一有机会就高谈自己与某长官的关系，如果有幸与高官合影，就高挂厅堂，敬奉如祖宗牌位。即便是专业职称，也一定要与行政官阶挂钩，连知识也与权力混为一谈。

对权力的膜拜摧毁了这种人做人的尊严。他们以权力为尊严，而不是以人格为尊严，信奉成则为王败则为寇，追求权力，不择手段，趋炎附势，阿谀奉承，为了一点蝇头小利也甘愿出卖人格，最下作的甚至不辞吮痈舐痔，像《史记·佞幸列传》记载的邓通那样："文帝尝病痈，邓通常为帝唶吮之。"把权力看得比命还重要，比真理还重要，比公义还重要，为了权力，可以放弃真理，放弃公义。指望他们懂得平等，懂得什么叫人格，什么叫做人的尊严，无异于对牛弹琴。

朋友见我言辞激烈，宽容笑道：老兄不愧刚直之人，只是，一、那位仁兄未必有你说的那么可恶；二、我也远没有你说的那么高尚。我这样做未必没有私心。不与这类人计较，不过是一种自尊罢了。

坏人的面相

有幸与同行中的一位大家有过几次会上的接触，他古道热肠，觉得我混得似乎很不理想，主动说：到任不久的你们省的主官是我的发小，我们从小一块下河摸鱼上树抓鸟，中学毕业我在村小教书，他在大队做会计，后来我们各自就现在这样了。一个是大名人，一个是大官员，了得——我笑道。他大约是听出我的笑里不无妒意，说，我们的交情几十年一直没变，他刚到你们省就大老远地请我去住过几天，每天喝酒聊天。他酒量特好，一天三顿都少不了茅台。对了，我过些时又得去他那儿，你有什么要求只管提，我去跟他说，管成。

我沉吟了一下，一字一句说：那就请就告诉他——你管的省里有个也是靠文字吃饭的人非常、非常、非常厌恶你！

这位满腔热情的作家瞠目结舌，半晌问：为什么？

不为什么，就是厌恶！我说。

我与那位大官其实从来没有打过交道，他昏庸，无知，摆谱，讲排场，花架子，无厘头，特刚愎自用且为人阴险，精于权术，到任不久就在下属和民间惹出一片烦言，怨声载道。而引起我厌恶的主要是在电视里看到的他的面相：一脸横肉，僵如冷冻，眼睛常闭，时露凶光，偶尔傻笑，极为伪善。以愚见，这种人的心地不可能干净，其爬上高位的过程自然也没法干净。

这样的厌恶当然是出于主观唯心主义，这是多年前一位著名评论家批评我的话。我国有句俗语就说人不可貌相，美国悬疑片大师希区柯克也说过，许多罪犯看上去都像学者。但不知为什么，我就是有一点固执。古代杰出的先贤也有很执着于面相的。曾国藩就曾用“五行”看面相用人。某日，李鸿章带了三个人拜见曾国藩，请曾国藩对他们加以考察并分派职务。散步回来的曾国藩从那三个在厅外等候的人面前经过，然后听李鸿章禀明来意，当即笑道：“不必考察了。面向厅门，站在左边的是个忠厚人，小心谨慎，可做后勤工作；中间那位是个阳奉阴违，两面三刀的人，只宜分派一些无足轻重的工作；右边那位气宇轩昂，可独当一面，应予重用。”李鸿章很是惊奇，叩首请教。曾国藩答：“刚才我走过他们身边时，左边那个目光低垂，拘谨有余，适合做只需踏实肯干，无需多少机敏的事情。中间那位，表面上恭恭敬敬，可我一走过，就左顾右盼，神色不端，是个机巧狡诈之辈，断不可重用。右边那位，始终挺拔而立，目光凛然，不卑不亢，是一位大将之才，将来成就不在你我之下。”曾国藩所指的那位“大将之才”，便是日后立下赫赫战功并官至台湾巡抚的淮军勇将刘铭传。

我完全不懂相术，所依据的只是直觉。而直觉原是一种说不清道不明的东西。私心认定，一个人的面相与他的行为不可能没有内在联系。所谓诚于中而形于外，同样，不诚于中也会形于外。至少前面那位朋友好意想要让我得到其关照的大官是又一个例子。此人几年后继续荣升高位，我正要承认自己的直觉不灵，却从国家媒体看到了他被送交审查的报道。

隔年再见那位好心作家，他感叹，真没想到！是官场害了他。

我调侃说，莫怪官场，是他老人家那张脸害了他。至于是长那么一张坏脸才成了坏人，还是成了坏人才长那么一张坏脸，就搞不清了。

佛塔上的老鼠

我年轻时有个朋友，与我分别在两个县的乡村做农民通讯员，因为经常往省报送报道稿，一来二去就熟了。过了些年，他被他那儿的贫下中农推荐上了大学，从此我们中断了联系。又过了很多年，我再见到他的时候，他已是相当级别的领导了。

他当领导当得极有魄力，主要表现是敢说敢为。比如，在他管辖的范围，他必须是各类丛书的总主编，所有电视剧、舞台剧、大型晚会的总策划、总编剧、总导演；报纸和刊物连篇累牍地登他一个人的作品——自然不是当年的报道稿，而是“散文”，又连篇累牍地登他的下级对那些“散文”的赞誉；又让下属单位出资印刷他的作品集；又兴师动众地召开全国性的作品研讨会；又将“受到高度赞誉”的豪华作品集摊派到他权力所能达到的所有机关，事业、企业单位。因为觉得自己已成“著名作家”，属专家型领导，底气就很足，大会小会，张嘴就是国骂，而且成为每句话的后缀，咄咄逼人，让人无法忍受又不能不忍受；每逢周末和节假日，就让下属各单位轮流办饭局和舞会，喝红酒，唱红歌，并且要求必须有那些单位的美女参加。有些知道自重的女性会以自己并非“三陪”断然拒绝，自然也有顺杆子爬的由此就成为他的“红颜知己”，他也皆不亏待，明里暗里让相关单位的领导给她们“压担子”，“委以重任”。

照说，那些事在官场上都是犯忌的，但是他毫不在乎。他知道有人在后面“搞他”，举报他是“领导干部流氓化”的标本。但他也知道，他在官场上有的是人脉，只要没有捉奸在床，没有确凿证据证明他贪赃枉法，光凭那些“搞不倒他”。

作为曾经的熟人，我在一旁看着一个曾经老实巴交、畏缩拘谨的乡村农民通讯员，变成了这样一个为所欲为、气焰嚣张的庸官，心里很不是滋味。不只是为一个纯情少年的变异难过，更为造成这种毒害的权力生态难过。本想基于朋友的道义给他提个醒，但他那样气盛，不可能听进任何逆耳之言。能教训他的，只有他自己的生活了。

我的想法没有错。不久前他不能不退休了，很失落，原先满以为有把握的更高的位置没有得到不说，预先搭建好的“学会”“研究会”之类可以继续“三公”消费、“发挥余热”的平台也根本不灵，先前招之即来挥之即去的鞍前马后的一帮精英名流勉强应付了几次也就风流云散，他曾经不避嫌疑大力呵护培养的美女也忽然“自重”起来，再不肯“三陪”了。他很是想不通，老喝酒，老醉，说胡话。终于病倒，至出院，忽见苍老不堪，与住院前判若两人。这样的情形在官场虽不是什么新鲜事，但我依旧很感慨也很同情。不是因为他的失落，而是因为他的执迷不悟。方便的时候，我发了一则网上的现代寓言给他：

一只老鼠曾经在佛塔顶上安家，那些日子无比幸福。既可以在佛塔各层随意上下，又可以享受丰富的供品。有着别人所无法想象的特权，那些不为人知的典籍，它可以随意撕咬；人们不敢正视的佛像，它可以随意捉弄，兴起了，甚至在上面拉屎拉尿。每当看着善男信女烧香叩头，它就陶醉在缭绕的香烟雾气中，抽着鼻子暗笑："可笑的人类，膝盖竟然这样软，说跪就对我跪下了！"

有一天，一只野猫闯了进来，向它扑去。

"你不能吃我！你应该向我跪拜！我代表佛！"高贵的老鼠抗议道。

"人们向你跪拜，是因为你所占的位置，不是因为你！”

野猫一边说着，一边一把将老鼠捏在爪子里。

我由衷希望这则寓言能够对他有所启发，从而回归常态的人生。

什么人不可交友

朋友之间，一个经常的话题是“此人可交或不可交”。事实上，自古以来，有关交友就有明确的标准，文字或有不同，但内容大体接近，诸如：

以德交友，患难与共：在最紧要关头时，能同甘共苦；在最困顿的时候，能不变初衷。以诚交友，肝胆相照：能彼此知心，情同手足，能相知相惜，相互关爱，彼此扶助。以知交友，见多识广：“谈笑有鸿儒，往来无白丁，可以调素琴，阅金经。”以道交友，其乐融融：交往有道德、有修养的人，能依他自勉，而得到提升，“与善友交，入芝兰之室，久而不闻其香，即与之化矣”，“待人以诚，感人以德，交人以善”。总之，交往以诚以真，相待以礼以敬，相处以平以淡，相勉以学以道，都是交朋友的原则。孔子关于选择朋友的要求更具体，一是“无有不如己者”，二是“忠告而善导之”，三是“中行”，即言行恰当。他认为朋友有三益三损：友直、友谅、友多闻，为三益；友便辟、友善柔、友便佞，为三损。同正直的人交友，同诚信的人交友，同见闻广博的人交友，有益；同走邪道的人交友，同善于阿谀的人交友，同花言巧语的人交友，有害。

近读韩愈为柳宗元写的墓志铭，很为感动。柳宗元被召回京城而又复出为刺史的时候，大诗人刘禹锡正要被遣放播州。柳宗元流泪说，播州不适宜人居住，而刘禹锡有母亲健在，我不忍心看到他处境困窘，又无法向母亲说明，况且也绝没有让母子同赴贬所的道理。便打算向朝廷上疏请求，愿以柳州更换播州，即使因此再次获罪，也虽死无憾。此时正好有人将刘禹锡的事报告了朝廷，使之改为连州刺史。韩愈感慨道：人在困窘时才最能表现出他的气节和道义。当今的人们平日里互相敬慕爱悦，相邀饮宴，追逐游戏，强颜欢笑以示谦卑友好，“握手出肺肝相示，指天日涕泣，誓生死不相背负”，似乎像真的一样可信。然而一旦碰上利害冲突，哪怕“仅如毛发比”，也会翻脸不认人，还要落井下石。这种事恐怕连禽兽和异族都不忍心去做，而那些人却自以为得计，当他们听到柳宗元的为人，多少应该有点惭愧吧。

韩愈在这里指出了一种类型的朋友，就是没事时关系搞得热火朝天，一旦有事就露出了卑劣的嘴脸。这样的“朋友”平时不易识别，要吃了亏才会与之分手。但以我的经验，有一种人却是事先就可以断定“不可交”的：

1. 两次对你说同一个谎言的。

2. 自己说自己高级、善良、优秀之类的。

3. 总在贬低别人，总在背后说同事、邻里，甚至亲友坏话的。

4. 看什么都不顺眼，永远有发不完的牢骚的。

5. 你帮助了他九次，第十次没有帮上就与你翻脸绝交的。

6. 自己给人的好处记得分毫不差，别人给自己的好处过身就不认账的。

7. 恭维话再多都受之无愧，批评的话一丁点都受不了的。

8. 得意时六亲不认，一受挫就要死要活的。

9. 看上去蛮像君子淑女，别人稍有不慎就面目狰狞、脏话连篇的。

10. 只让别人洗耳恭听，决不让别人把话说完的。

11. 一旦发生误解，自己一味跋扈，不容对方做任何解释的。

12. 有好处时争先恐后，一出事就把责任推得干干净净的。

13. 刚刚还如醉如痴，忽然就变脸色的。

14. 一事功成，好点子都是自己的，差主意都是别人的。

15. 需要你时恭谦如仆人，达到目的就过河拆桥的。

16. 对你予取予求，偶有不满足就用最极端的恶语伤人的。

17. 倒霉时可以共处，一见转机就把你甩开的。

18. 对任何人都从不说心里话的。

19. 从不为别人的所得高兴的。

20. 没有敬畏心的。

21. 随便承诺，从不兑现的。

22. 关心别人隐私并在背后津津乐道的。

23. 特别喜欢打小报告的。

24. 见人危难能帮助也决不帮助的。

年轻时因为阅历太少，常常交友不慎，吃了许多这种“朋友”的苦头。稍长才知道，世上并不是所有人都可以成为真朋友的。当然，不是朋友并不等于是敌人，保持宽容的心态，处之以陌路就是了。

俗可以，别太俗

明代杨慎的《升庵诗话》谈到唐诗绝句的误字，举了杜牧的《江南春》为例。其中的“十里莺啼绿映红”，后人误作“千里”，若依俗本，“千里莺啼”，谁人听得？“千里绿映红”，谁人见得？若作十里，则莺啼绿红之景，村郭楼台，僧寺酒旗，皆在其中矣。还一个例子是《寄扬州韩绰判官》的“秋尽江南草未凋”，俗本作“草木凋”。秋尽而草木凋，本来是常事，不必说，况且江南地暖，草本不凋。这首诗是杜牧在淮南寄给扬州朋友的，感叹的就是淮南之摇落，而羡江南之繁华。若作“草木凋”，则与

“青山明月”“玉人吹箫”就不是一回事了。杨慎于是戏谓此二诗绝妙：“十里莺啼”，俗人添一撇坏了；“草未凋”，俗人减一画坏了。接下来引了苏东坡《于潜僧绿筠轩》诗中的一句：“士俗不可医。”

这是谈写诗的道理，其实与做人的道理，也是相通的。

传说中的神仙才不食人间烟火。凡人都生活在俗世，哪能不俗？吃喝拉撒睡都是俗事，谁少得了？鲁迅说：“譬如勇士，也战斗，也休息，也饮食，自然也性交……”吟诗作赋听起来比较高级，其实也是俗事，最低级的俗人也会干的，而且干得不错。《诗经》里的《风》是民歌，在大家眼里，一向就比文人创作的《雅》和宫廷里的《颂》好看。但世上的万事万物都有一个度，不及不好，过了也不好。俗和太俗也是这样：故作不俗让人觉得“装”，太俗了也让人受不了。笔者混迹文坛有年，历经诸多人事，对此颇有些体会。

譬如序言，也称导言、导论、绪言，作者本人对书做一个导读和说明，如创作意图、原则、过程以及与该书出版有关的事情；或请名家或组织者进行实事求是的评价，介绍作者或书中内容涉及的人和事，对作品加以推荐，这是完全可以理解的。但挖空心思，搜罗一大堆时尚名流，用无以复加的好评把书的封面封底包裹个严严实实，让欲购书者不免疑窦丛生：担心市场上叫卖得最凶的往往是最劣等的货色。

又譬如作品研讨会，出了新作，开个以研讨为名义的会议，听听肯定的或不同的意见，总结经验教训，以使自己多少获益，客观上也多少扩大作品的影响，是很正常的。但明明知道自己不够斤两，非要利用自己掌握的行政资源，让属下的部门或仰仗自己的个私老总大把出资，广邀名家，广揽媒体，大轰大嗡，以为借此便可一步登天，其实落下的不过是笑柄而已。

又譬如文学评奖，希望被肯定、被褒奖，是人的荣誉感使然，很正常的。有人淡定沉静，申报了作品，表示了对评奖的尊重就不再与问，固然让人起敬，但有人积极进取，给参与评奖工作的、自己有过交往的人打个电话，发个信息，告知自己申报的作品，希望在众多参评作品中不被忽视，这样的愿望，这样的方式，都应该说是可以接受的。但功利心过于急切，电话打了又打，信息发了又发，"才下眉头，却上心头"，认识的不用说了，不认识的就拐弯抹角地找关系，恨不得天上有缝，地上有洞，有一个招呼一个。好听的话，套近乎的话，溢美的话，其来滔滔。这样的人，就算得了奖，也不让人尊敬；要是忙乎一场没得奖，赔了夫人又折兵，那就更不上算。

上述种种，究其故，就两个字：太俗。

俗与太俗之间，差距就只是那么一点。就像杨慎的诗话评点的那样："'十里莺啼'，俗人添一撇坏了；‘草未凋’，俗人减一画坏了。”

而“士人”，也就是读书人，太俗是很容易让人不以为然的。不过苏东坡说“士俗不可医”，到底有点绝对。就文学而言，事情未必有那么严重。人再俗，作品未必就一定低劣，毕竟不因人废文是个常识。但如果鱼我所欲也，熊掌亦我所欲也；名我所欲也，人品亦我所欲也，倘若二者不可兼得，该舍什么，还是应该掂量一下的吧？

常人不可能不俗，却不可以太俗；不可能没有得失心，却不可以太有得失心。否则，自己会很蠢，别人会很嫌。俗与太俗，不需要刻意把握。自自在在做俗人，堂堂正正做俗事，也就俗不到“太”的份上去了。

另类的愚蠢

有一年应邀参加一个读书会，主持者让我推荐几本书，我推荐的第一本书是法国作家雨果的最后一部小说《九三年》。这部酝酿了十年之久的作品被作家自己称为沉重大山。的确，它也是我有限的阅读中印象最沉重最深刻的作品：

本可以从暗道逃进森林的保皇派首领朗特纳克侯爵为了救出三个被困火中的儿童，毅然从暗道返回被革命军层层围困的城堡。共和国军的两个领袖之一西穆尔登逮捕了朗特纳克，把他关押起来，准备将他送上断头台。另一位领袖郭文不愿意处死一个为援救与自己不相干的儿童而不惜自己生命的老人，放走了朗特纳克，自己留在狱中。第二天，西穆尔登将郭文送上断头台，举枪自杀。至此，三个人物完成了自己灵魂的升华。作家也最充分地表达了自己对人道主义和完美人格的不懈追求。

很难划分战争中双方绝对的善与恶，为了战胜，残忍和野蛮皆不可避免，作家守护的是人的良知，在作家看来，那是人性的最高准则：孩子不应为战争丧命。并不因为他们属于某个人，某个家族，某个阶层，仅仅因为他们是孩子，是无辜，是天真，是纯洁。在这一瞬，朗特纳克的救援使战争显得渺小，使敌方的士兵欢呼。他们欢呼的是在战争中湮灭的人性的复苏；郭文放走朗特纳克是因为一个基本的人生准则：一个人不该为他的善行受到惩罚。而留在牢中等待审判，因为他还是一个军人，放走敌人的军人必须接受惩罚；西穆尔登，郭文的老师，一个视郭文如儿子的人，处死郭文是作为革命军领袖的责任，他的自杀则是对郭文的赞同。对于三个人的完美行为，战争成了铺垫，一切只是为了展示人性的胜利。

雨果的浪漫和忧伤，直令人不能自拔。关于生命，关于人的尊严，让我长久深思。

然而，我在阅读的同时也听到过严肃的否定和批评。其中最温和的贬低是认为如果把三个人物放在各自的立场，这样的选择至少是愚蠢的。

因为年轻，我不免困惑。随着知道的事情多了，认识渐渐清晰。

曾经听到一个故事，现在看来有点像搞笑，但却是一个真实的历史事件。

公元十世纪，德皇康拉德三世在一次交战中，将巴伐利亚公爵围困在城内，只允许城里的女人第二天撤出，并答应她们携带能拿得动的财物。结果，第二天城门打开，所有的女人都抱着孩子、背着丈夫，就连巴伐利亚公爵也坐在他妻子的肩上，拼尽全力甚至匍匐着向城门挪动。被感动的康拉德三世几乎是愚蠢地下令：放弃战争。

残酷的战争没有吞噬康拉德的基本人性。他的愚蠢与那些女人的智慧一样让人动容。

看过电影《泰坦尼克号》的两个版本，我更喜欢前面那个黑白片。在大部分乘客都陆续登上救生艇时，一群音乐家站立在甲板上专心致志地演奏，平静地听任海水漫过他们的脚面、小腿、大腿、腰部、胸部，直至把他们淹没。后来，我在一个老区省份的文学社团工作，面对许多文学才俊的南下特区另谋新职，我多次用这群音乐家来给自己也给在当地坚持写作的同行打气：我们也许很蠢，但我们不会毫无价值。什么是智慧？就是认知清醒。什么是高贵？就是不随流俗。浮躁和坚韧露出的是最真的品行。

在一个嘲笑优雅消解高贵成为时尚，精致利己主义让底线一次次沦陷，更有甚者为达目的不择手段，尔虞我诈甚至不惜相互投毒的浊流中，很难要求每一个人必须品行高贵，但一个无视高贵乃至视高贵为愚蠢的人，一定是一个心灵扭曲的人。如果他还是人的话。

不与狗争道

处于一个喧嚣的时态，许多人常常热衷各种无休止的争论，振振有词地发表各自的观点，即便是亲属、朋友、同事，因为某种看法不一致，也难免争得面红耳赤，甚至恶言相向。

我曾经多次旁观这样的争论，其中最低级的一种方式是：争论双方缺少在公共空间讨论的规则意识，争论迅速成为抬杠，情绪跟着迅速升级，继而开始人身攻击，破口开骂。觉得骂对方本人不过瘾，就转而骂其家人。从对方的个人品德、身体隐疾、受教育程度一直骂到对方的家庭成员乃至祖辈，远远离开了争论的主题。在这样的争论中，双方只讲身份，不论是非，只要你的观点跟我对立，你说什么我都一概否定。这样的争论，往往话语不对等，争论的双方不在一个语境下交流，也不在一个层次上交流。表面看是鸡和蛋讲，实际上是鸡和鸭讲，彼此南辕北辙，风马牛不相及，各说各话，各泄各愤。

偶尔在网上看到一个消息，争论的一方只知扣帽子、抡棍子，因为说不过对方，居然群起而上，动手打人，这就更是等而下之了，南方人把这种行为叫作“下三滥”。

有人罗列过最无趣最无价值的几件事，其中就有给傻子讲道理和帮弱智理逻辑。这跟林肯的看法很接近：一个人完全不必消耗时间去做无谓的争论，那样对自己的性情不但有所损害，还会让人失去自制力。在尽可能的情形下，要学会放弃。与其跟一只狗争路，不如让狗先走一步。如果被狗咬了一口，你即使把这只狗打死，也不能治好你的伤口。

争论，首先是争论的双方要有一个共同前提：彼此都是思考者。这才有可能就共同的话题展开讨论；争论还需要相近的逻辑修养，跟一个逻辑混乱的人争论，等于陷入泥潭；更有些人早已形成了思维定式，即便是巨大的社会变革也不能让他有切肤之痛。我认识的一位前辈，平反昭雪结束了他二十多年的牢狱生涯，落实政策让他重享高干待遇，一个人住着省部级官员的大房子，却时时咬牙切齿地咒骂那些让他享受特权的人，怀念那些把他整得死去活来的人。问他这是为什么，他狠狠说：不为什么！我只好缄口。

科学家伽利略说得好：你不能教人什么，你只能帮助他们去发现。争论中的你或许是对的，但并没有改变对方的观点，这样的争论也就没有意义。许多事其实没有争论的必要，谬误永远是谬误，真理还是真理。只需给出结果。

时间和历史是最好的法官。

曾经在青海一个寺庙看过辩经。修行者持续不断地相互提问和争辩。当地宗教界的朋友告诉我，佛陀并不需要任何人的认同。修行者的辩论是心智成长的一种方式。如果他们只是执着于辩论，或从辩论中感到自强，那就会阻碍心智的成长。因为他们还没有完全悟道，还没有亲眼看到圆满报身，没有真正体会平等性智。

永远不和别人做无谓的争论，尤其是不跟见识和智商都偏于低下的人争论，应该是一种社交智慧。避免这样的争论应该像卡耐基说的：如同避免响尾蛇和地震一样。

爱因斯坦说，宽容意味着尊重别人的任何信念。伏尔泰说得更明确：我虽然不同意你说的话，但是我维护你说话的权利。许多事，话说明了即可，不必执着争论。每个人都是独特的，因为不同的个性、不同的习惯、不同的阅历、不同的成长背景等等形成了个体特殊性，必然会有观点、看法、主张、言行的差异。要相信所有人都是终生成长的，他们的观点、言行是否正确都会经过实践检验和鉴别，并且在正常情况下应该会不断长进、不断完善。只是囿于个体差异，自己教育自己、自己改变自己的程度不同而已。在这个意义上说，包容，不争论，是相信人的独特性，是对人性的一种尊重。

跟名人套近乎

套近乎，是一种人之常情。中国的儒家讲究“里仁为美”。“仁”就是两个人，就是讲人与人的关系。还有人从财政体制上分析了不同的文化传统：欧洲一直是债务体制，收税不容易，国家要发债筹钱，而债务关系必须依靠契约，强调契约精神，遇事先想到法规；中国一直是税务体制，依赖稳定的税源，行政权力的重要性毋庸置疑，人情的作用因此突出，遇事先想到人脉，以至成为一个人情社会。在生活中，每个人都不可能完全没有一点目的性，有时候为了达到某种目的，难免会选择一些易于达到目的的方式，比如攀亲说故套近乎。只要是真心诚意，套套近乎其实也很正常，有时候还有可能改善甚至进一步发展人际关系。

当然，也有人不喜欢套近乎，把套近乎看得很负面。星座学就讲了三种不会跟人套近乎的星座：

天蝎座：内心柔软善良，特别在乎感情，没有受到伤害之前会主动跟人结交关系，一旦觉得受了伤害，就不仅不再会跟人套近乎，而且还会本能地防范别人。巨蟹座：为人热情，别人对他好，他绝不会怠慢。如果自己的主动没被怠慢，那么下一次他还会主动。但如果遭遇了伤害，就会觉得谁都不可靠，再没了安全感。水瓶座：所有星座之中最敏感的一个。他们向往美好，厌恶不美好，本性清高，原则性过强，宁可逃避也不会跟人套近乎。

这三种类型有一个共同点，就是敏感而清高。

我不信星相学，但这里涉及的社会现象却是存在的。

其实，倘没有任何功利目的，仅仅作为一种社交，套近乎也未必就是一种负面的行为。只是这样的套近乎不可盲目，一旦打算跟人套近乎，尤其是跟卓有成就的名人套近乎，千万要有自知之明，先要掂量一下自己有没有跟对方套近乎的分量。这方面，我有很深刻的教训。

我从事文字工作几十年，一直未见长进，逐渐走向边缘化，终至消失在读者视野之外，被许多先前熟稔的同行淡忘。有一年在京开会，一家刊物请饭，让我去一位中国作协副主席的房间会合，等着他们来车。那位作家当副主席之前我曾与他一同参加过文学活动，以为他有印象。但那次他对我的特别的客气让我纳闷，出了门我才知道，他以为我是出版社派来接他的司机。曾经在李国文家聆听几位文坛大咖高谈阔论，尤为座中一位大咖的慷慨激昂所动，事后还收到过他的信。多年后，也是一次会议，我在电梯里见到他，惊喜中忘记了他的声名已如日中天，远非当初，像见到家人一样亲热地喊他。不料他惊疑地盯了我好大一会，转脸问身边的人：他是谁？那些人也没一个认识我，都很礼貌地静静看着一个傻子的自讨没趣。我满脸的堆笑霎时凝固。幸好电梯很快到了我住的楼层，我一闪身溜出。

我不太通人情，常常没心没肺。但一个人被自以为是老相识的人彻底忘记，怎么说也是件难堪的事。我忽然明白，一个在专业上过气的人最大的明白就是要懂得收敛。

尽管理论上所有人都是平等的，但在实际生活中，并不存在绝对的平等。普通人对权贵和名流的套近乎常常难免攀龙附凤之嫌，因而陷入自讨没趣的窘境，甚至有可能自取其辱，自然就有事先掂量的必要。

这样的认识并非敏感和清高，而是一种必要的明智。

也说好坏之间

在《今晚报》读到严阳先生的文章《好坏之间》，颇多感触。文中举了两个例子：一是好莱坞桂冠编剧特朗勃不仅对于那些伤害过自己的人给予充分的谅解，还希望重建和谐的人际关系；一是一位女校长原谅在“文革”中对她下黑脚的男老师。这样的“气量过人，心胸像大海一样宽广”的确让我敬佩。作者的许多看法，比如，“这世界的复杂性、人的复杂性，是我们必须充分认识的……许多所谓好人，其实……也做过不少坏事；而那时的所谓坏人，可能也做了一些好事”，“世界上有些人真的无比善良和宽厚，与我们不一样”，“好人与坏人，我们有时真的很难分清”，等等，我都是有同感的。

追寻这些现象的原因，作者提到了“宽恕”：“因为他们的信仰中，宽恕居于非常重要的位置。”

“宽恕”这一命题，中西文化里都是有的。中国儒家讲“容人之量，恕人之过”，外国讲的“宽恕”我在鲁迅的遗嘱中找到了依据。原话是：“记得欧洲人临死时，往往有一种仪式，是请别人宽恕，自己也宽恕了别人。”这种仪式显然是出于宗教的训诫：“要爱你爱的人，要爱你不爱的人，要爱你的敌人。”（《圣经》）偶尔瞥了一眼电视朗读节目，见到一位当代名作家声情并茂地朗读自己对家人的叮嘱：“你要爱你的敌人。”作为一个凡夫俗子，我肯定不可能有名作家这样的境界，唯一能做的是尽可能从鸡汤的角度去理解名作家的高远境界：也许，真诚的爱可以化解仇恨，可以让自己的心灵抛弃晦气，让自己轻松，让生活纯净。

但是，尽管有这样的理解，我依然很固执地怀疑会不会有那样的爱，恐怕最多也只能是“也许”。

首先，无论多么浩大的罪行和罪人都可以宽恕和爱吗？比如，怎么宽恕和爱二战中的奥斯威辛集中营和七三一部队的刽子手呢？如果要宽恕和爱他们，战后国际法庭的审判是不是要改写呢？

其次，好人做好事和坏人做坏事，好人做坏事和坏人做好事，事实上都是分得清的。无论好人还是坏人，做了好事，固应不求回报；但无论坏人还是好人，做了坏事，则不应该毫无代价。善有善报，恶有恶报，天经地义。即便因为坏人太强，好人无奈，也会指望老天，故民间有“天报应”一说。社会和历史轻易放过坏人坏事，则无疑是对坏人坏事的纵容。而纵容，无异于做坏事。鲁迅对他的“怨敌”“一个都不宽恕”。那些人或是不惜借助警察与武力压制莘莘学子；或是“杀人如草不闻声”，制造一个又一个血案；或是“损着别人的牙眼，却反对报复”；或是向官府告密的权势者的帮凶或帮闲；或是“拉大旗做虎皮，包着自己去吓唬别人”，并以“鸣鞭为唯一业绩”的“奴隶总管”。鲁迅的不宽恕，表现了他特有的冷峻、孤独和悲凉，也表现了他作为思想家和精神斗士的深刻爱憎和崇高正义感。今天看来，他的“一个都不宽恕”也许有些极端，但与自己犯下罄竹难书的滔天大罪却死不认账只一味追究别人的罪行，有本质的区别。

最后，即便如上述种种，宽恕也还是值得赞赏的。问题是要有前提：一、真心忏悔了；二、不能公开忏悔，心里也要承认，并在暗中尽力补偿受伤害的一方，且确保以后不做坏事；三、再也干不成坏事了。

人际关系的筛选

有段时间我颇纠结。在不多的文学活动中，有幸接触到一些名人。我很珍惜这种幸运，希望可以学到许多有益的东西。但时间长了，有的人却颇让我失望。不管你怎样真心真意待他，在人前待之以礼，在人后听到对他的负面议论，比如“名不副实”“过气了”之类，总是尽力劝说议论者给予必要的尊重——谁没有过气的那一天呢。但遗憾的是，他对此永远保持着一种居高临下的冷漠。我自然不敢期待任何哪怕是最细微的一点善意，但受到他时不时当众毫无来由的奚落，特别是当我发现这常常是掩盖他的某种空虚和嫉恨的时候，我真是打心眼里为自己也为他难过。我不知道是不是应该终止这种只会让人难堪的交往，直到有一天我看到一则微博，豁然开朗。

那则微博说：与人为善是一种能力，与人保持距离也是一种能力。用与人为善找到好的回应对象，用保持距离过滤不值得交往的对象。两种能力都是一种人际关系的筛选手段，都特别重要。与人为善不是一味迁就，保持距离不是愤世嫉俗。一个能理解并回应你的善意的人，与你产生良性互动的机会就比较多；一个自视颇高让你永远得不到正视的人，让你受到伤害的概率就比较大。这是明摆着的事。

现实生活中，人际关系的试错成本越来越高，无意义的迁就毫无必要，也耗不起。随时止损，是一种智慧，一种能力。以我不太丰富的人生阅历，以下类型的人，真的遇上，都趁早保持距离为好：

对他人的评价几乎都是负面的。说起自己同过学的人、共过事的人、短暂交往过的人，甚至是偶尔认识的人，总是一无是处；与他交谈时他漫不经心，要不冷淡不屑，要不你说什么他都打哈哈；永远是一脸的优越感，咄咄逼人，不是伸手相握，而是抬手让你碰他的手指；没听清你说什么就打断、抢话、牛头不对马嘴地接茬说自己的；打听、谈论、传播各种八卦隐私，同时炫耀自己的艳史；当众取笑朋友的弱点表现自己的优秀；为了利用你，强行套近乎，动不动就说你是他一辈子的朋友；高声大气，咋咋呼呼，对上司唯唯诺诺，对下级粗鲁无礼，颐指气使；神情猥琐，目光躲闪，含糊其词，话说一半留一半。只要涉及应该坚持的原则和正义就打死也不开口；自我感觉超好，把尖刻无礼当聪明可爱。觉得是个男的就会喜欢她，想占她便宜；自己最聪明。别人都没有见识，自己永远是对的。不管别人说什么，回应都以轻蔑的“不可能”开头；男性小拇指留很长的指甲，油头粉面，在电梯里对着镜面墙抚弄头发；见人就说某天在某高档酒店跟某名人吃了饭，合了影，某大老板是他哥们；一有机会就伸出手腕逼人家猜腕上的手表或手镯值多少钱，那串佛珠手链是什么材质、在哪个庙里由哪个高僧开的光；永远是最时髦的。你说佛教，他就是名僧的居家弟子；你说基督，他就是教堂的礼拜常客。

对于判断应该保持距离的人，上述特征，有一点就够了。一个人一开始就让你觉得哪有点不舒服，最终一定会让你特别不舒服。

人自然应该宽厚，不狭隘，有容人之量，但容忍并不等于没有距离，并不等于对任何人和任何事都没有反感，并不等于要勉强自己对任何人和任何事都不反感。反感有时是你的潜意识在提醒自己避免可能遭遇的伤害。

当然，社会生活是复杂的。人不可能只与自己觉得舒服的人相处。学会与自己觉得不舒服的人保持距离，既是避免伤害之道，也是与各种各样的人在一个无可回避的空间共处共存之道。

律　己

给人留余地

在生活中常常遇到这样的囧事，突然受到无理戗白、嘲弄甚至侮辱，好半天反应不过来，等想到不失体面的恰当回答，事情已经过去，得意的径自自鸣，受气的只能吞声。像我这样的心胸狭窄，也便对自己的迟钝、口拙恨恨不已，好长时间不能释怀。为此我特羡慕那些反应敏捷、伶牙俐齿的人。

有一年，我把一则用心写出的山水游记寄给一位经常联系的报刊编辑。这是位极认真负责的编辑，显然是因为版面的限制，稿子发表出来，比原稿精练多了，原来的意思也在，只是原稿中许多我甚用心的地方没有了。也许为了说明改稿的缘故，他好意给我寄了两册他们以往用稿的作品集，供我做今后给他们写稿的范文。我认真揣摩，终觉难以企及，颇沮丧，在电话里跟另一家报刊的朋友聊起，他大约是怕我因此泄气，把原稿要去重发了一次，使我多少恢复了一点信心。

报刊有不同要求，编辑有不同喜好，这很正常，无所谓高下。正因此，作者和编辑是一种双向选择的关系。多年后，在一次文学活动上我与那位改稿的编辑相遇，特地当着众多同行的面，向他解释这些年因为自知达不到他们期望的文字风格，不敢再给他们投稿，本意完全在表达对他们刊物业界影响的敬畏。不料他迅即反应：那次你写的是一篇骂人的文章，而我们从不发骂文，只好退稿。引起一片哄笑。

我一下给噎住了，张口结舌。但这只是瞬间的事，很快就清醒过来：洁癖如我，除了很多年前由于年轻气盛一时冲动，写过唯一一则慨叹大名流小行径的短文，再也没有用这种口水弄脏过自己的心情。倘有微词，皆是自责，因为自知不堪，没有资格非议他人，更别说“骂人”了。这位编辑显然只是随意开了个无伤大雅的玩笑，完全不必当真。事实上，在场的人也没有谁会当真。我如果一定要说出当时的真相，一是扫了大家的兴；二是这样的较劲实在没意思；三是——这是最不应该的，就是让人尴尬。我于是默认了对方的说法，一笑了之。

如何为人处世，仁者见仁智者见智，但有一点相信大家都会同意：要给人留余地。

一个明智的人，不会凡事都一定要证明自己是对的，揪住某种不上斤两的是非曲直不放，得理不饶人。也许做不到舍弃自己的名誉来成全别人，但可以尽可能杜绝对别人的攻击。遇有可能的争执，主动退让，不斤斤计较，看透但不说透，不让人难堪。这并非明哲保身，而是一种包容。这样，即使不能和别人拉近距离，至少可以在复杂的人际关系中，让自己问心无愧。

与别人抢风头的样子有时候挺傻的。把对方逼到墙角，还顺带着碾压一下他的自尊心，自以为赢了，却把一种也可能非常美好的人际关系逼到绝境。话说痛快了，事做绝了，得到的只能是对方的疏远。朋友之间的相处，从来都不以对错论输赢。赢了面子，输了感情，并不合算。

英国著名雕塑家安尼什·卡普尔被问到当好一个雕塑家的秘密时，回答是鼻子雕大点，眼睛雕小点。理由很简单——留下修改的余地：鼻子大了，可以改小；眼睛小了，可以扩大。如果鼻子小了，眼睛大了，就没法改回去了。

这何尝不可以当作人际关系的圭臬？

我相信，无论面对亲情还是友情，不事事争胜，不处处精明，那么，你给了别人多大的空间，你自己也会有相应的宽阔。偶翻旧书《菜根谭》，看到一句醒脑的话：“滋味浓时，减三分让人食，路径窄处，留一步与人行。此是涉世一极安乐法。”听上去挺世故，但不无道理。

在社交场合，一个人口舌如簧，与人相争从不吃亏，自然是爽了。但有时候，心怀厚道，尽量让自己的反应慢半拍，缓冲和回避对方给自己造成的困扰，充分理解对方的自我保护，内敛而不逞强，未必就不是好事。

给别人留余地，就是给别人留自尊，也是自重。

嘲笑弱者是丢自己的脸

小时候，听老人讲乡下宗族规矩的严厉，不满父母包办婚姻而偷情的女人被活活给塞进麻袋沉塘，又听说那些执法的“族长”之类自己往往就是恶霸淫棍，不禁毛骨悚然。稍大些，街坊里有个女孩未婚先孕，这条街上人人知道的最不检点的女人每天就当街把讪笑那女孩当乐子。平时她总是对别的女人评头品足，把她眼里的几乎所有女人都说成是“骚货”“狐狸精”，现在年轻的现在是，现在不年轻的过去是，总之都是“破鞋”。这种人性的虚伪，也很让人胆寒。早年在搞笑的节目里看到拿人的生理缺陷甚至残障人的不幸开心，这些年又常在网上见到类似明星化了妆的光彩照人和不化妆的人老珠黄的对比；用绳索绑了出卖身体的女子游街示众；精心编排的视频对陷入婚外情的演员极尽挖苦之能事，等等。

分析判断上述社会现象的心理机制，是社会学家的工作，我个人不具备这样的能力。我能肯定的认识是：真正的强者只会同情而不会嘲弄弱者，真正的高尚只会痛心而不会对人性的弱点幸灾乐祸，真正的严肃只会惋惜而不会把已经受到法纪惩处的对象再利用公共媒体加以羞辱。因为，嘲弄弱者恰恰暴露了嘲弄者的猥琐；对人性的弱点幸灾乐祸恰恰暴露了幸灾乐祸者的下流；利用公共媒体羞辱已经受到法纪惩处的对象，其实也羞辱了法纪自身。

记起一个《圣经》故事：一帮文士和法利赛人，带着一个行淫时被拿的妇人来，对耶稣说，按照摩西的律法，这样的妇人要用石头打死。你说该把她怎么样呢？他们说这话，乃试探耶稣，要得着告他的把柄。一直弯着腰用指头在地上写字的耶稣在再三追问下直起腰来，说，你们中间谁是没有罪的，谁就可以拿石头打她。说完又弯着腰用指头在地上写字。那帮人听见这话，就从老到少一个一个地都出去了。

很难想象，如果那个女人站在前面那些嘲弄弱者和对有过失者幸灾乐祸的人中间，她是不是真有可能被石块淹没。因为，那些人也许需要借此向世人表明自己的清白，而且越是恶贯满盈者越是需要表明。

我不是基督徒，引用这个故事，只是希望，所有那些自以为占据了道德高地的人的自省，至少不会低于那些本想加害耶稣的文士和法利赛人。

善于欣赏别人

我有个年轻的朋友，同一位女士交往了挺长时间，男才女貌，很般配，朋友们都等着喝喜酒，他们却忽然分了手。私下问其故，他检点自己说应该是他太过平庸了：交往多年的最后这段时间，不论他说什么做什么，都只能招致女方越来越尖刻的否定。强行维持关系已毫无意义。落花流水春去也，缘分尽了。爱情失败使这位朋友似乎成了哲学家，他很精到地总结：缘分是两个人互相欣赏，缘尽是至少一个人失去了欣赏；或者说缘分是两个人都昏了头，缘尽是至少一个人清醒了。

这个总结，不免沮丧。事实上，那位朋友并非那么不堪，我所知道的那位女士也未必那么高贵，不过是因为长了些见识有了自负进而有了苛求而已。

爱情在某种程度上接近精神病，对眼时情人眼里出西施，烦了时怎么看怎么不对付。爱情这回事搞不好就成了终身大事，自然不可轻率，有苛求无可非议。但在日常生活中，我觉得还是少一点苛求，多一点欣赏的好。

美国机能主义心理学派创始人之一威廉·詹姆斯说：“人性中最深切的心理动机，是被人赏识的渴望。”人们总是自觉不自觉地从他人那里寻找自身存在的价值，其内心深处都有被重视、被肯定、被尊敬、被欣赏的渴望。当这种渴望实现时，潜能和真善美的情感便会被奇迹般地激发出来。漫漫人生长路，谁都不能保证自己一帆风顺。别人的欣赏和鼓励有时候是一剂良药。欣赏别人，不仅能给人以抚慰、温馨，还能充分地激发人的潜能，去获取更大的成功。

因此，欣赏别人乃是对别人的尊重和鼓励。

其实，欣赏与被欣赏是互动的。一位西班牙学者说：“智者尊重每个人，因为他知道人各有所长，也明白成事不易。学会欣赏每个人会让你受益无穷。”欣赏别人是一种美德，更是一种智慧。

一个人总难与周围人和谐，这其中也许有别人的原因，但恐怕更多的是自己的原因。只能看到别人的不足，看不到别人的优点和长处；听到别人成功就不自在，看到别人发达就不痛快；别人活得比他滋润，他心里膨胀的只是嫉妒，以至极力贬低甚至不惜造谣中伤，这其实很蠢，只能为正直善良的人所疏远。这种褊狭最终导致的只是自己的性格缺陷，陷于孤立和封闭。

人活着其实都不容易。有的人好运连连，别人有的他有，别人没有的他也有，但背后多少艰辛操劳、难以言喻的苦衷，有几人知道？明星如月，有闪光的一面，也有暗淡的一面，程度不同而已。真正的智者必具仁爱之怀、成人之美的善念，欣赏别人的收获，更欣赏别人苦斗的足迹。在承认别人的灿烂的同时，变自卑为自信，变不满为努力，变孤傲为谦逊，变憋屈为振奋，变失意为动力，变简单为练达……尽管最终脚下没有猩红地毯，头上没有耀眼光环，但至少活得自信而不委琐。用欣赏的眼光看人看事，会给自己的生活多添一分乐趣，可以尽可能地忘记种种不快，活得轻松。

也许还该进一步说，仅仅善于欣赏别人并不够，还要善于接受他人的缺憾和不足。有人追求品位，有人安于低俗，有人深沉多思，有人头脑简单，有人学养深厚，有人浅薄无知，芸芸众生，不可能千人一面，谁也没有权利为了肯定自己的价值而蔑视别人的存在。何况我们常见的许多开口闭口不离文化的名流所谓的"品味""深沉""学养"其实是掩饰其庸俗和不学无术的假象，是装逼唬人的。

谁都渴望得到别人的欣赏，同样，谁也都应该学会欣赏别人。一个不会与别人分享的人，也得不到与人分享的愉悦；一个不会欣赏别人的人，也难以得到别人的欣赏。

拒绝的重点在“绝”

一个偶然的机会听到一场学术讨论，讨论的是明朝人物张居正和海瑞。一位学者很雄辩地论证：张居正虽然是大贪官，但使颓败的明朝一度中兴；海瑞虽然是大清官，却于朝政毫无建树。对于这么深奥的历史学问我自然是一片茫然，我能依据判断是非的只是我见识的人事。

早年在县里工作，我的第一位上级是个对自己约束极严的人，跟吃请受礼绝不沾边，更别说受贿索贿这样惊世骇俗的事了，连写封私信也从不用公家的信纸信封。“土改”时年纪轻轻就担任县局局长，然后升到副县级，一直骑着自己的一辆破旧自行车上下班。当年没有招工指标，一个农村户口进城只能做梦，他蹲点的时候认识了我，想方设法把我从乡下弄到县里做文字工作，但从头到尾我连一支香烟也没有孝敬过他。他后来调到另一个县担任主要领导，把一个穷县带出了长期落后的阴影。又升任地厅级领导直到退休，一路留下了很好的政声和政绩。我被调到省城专业写作前去向他告别，他留我在家里住了一晚，说了许多县里的故事，临别只叮嘱了我一句：记得不管日子发生怎样的变化，都要干干净净做人做事。

到了省城，跟我有直接和间接关系的政府官员中，也有一些这样的人。记得有一位性情特别暴烈。下基层，回程必看汽车后备厢，发现有当地人送的礼品，当即发火，说你们不把这些拿下来，我今天就不走了，让你们管吃管喝一辈子！有一次别人把东西从外地直接给他送到家里，老人不知情收下了，他下班回家，把那些东西直接从阳台上扔到了楼下的马路上。有一次私人饭局，酒喝高了，他跟我说：什么叫“拒绝”，就是要把“拒”做绝。半推半就其实就是“就”。你“就”了一回，就有二回，就有十回百回，没完没了，一直到把你送进大牢为止。不能说所有送礼的都有这样的坏心眼，但客观效果最终就是置你于死地。所以要像防备谋杀者一样防备那些刻意讨好你的人。他的拒绝的彻底到了让人难以想象的地步，甚至拒绝了上级对他的廉洁的表彰。他说，表彰一个公务员本该有的行为，于社会是一种悲哀，于个人其实是一种羞辱。他并不觉得自己高尚，不过是“自保而已”，上有老下有小，你一个人完了一家人就都完了。说当官是高风险行业，不如说是需要高自控的行业。他不受礼，自然也不送礼。他因此惹恼了许多人，仕途自然有限。但他不悔：安全着陆才是第一位的，没有遭遇不测就是福气。

比起我的第一位上级来，这位似乎有点不近人情，但我能理解，环境使然。我一样打心眼里尊敬和钦佩。搁在我，难以做到。我能做到的是：不能不收的礼先收下，然后找机会把张三的礼转给李四，把李四的礼转给张三，最终一拍两清；特别近的朋友为家里的喜庆事凑的份子，详细记下，到时加码奉还。

小鱼问大鱼：听说钓钩上的食物最美味，怎样既得到美味又保证安全呢？大鱼的回答是：面对美味与生命，你只有一种选择——拒绝钓钩上的诱惑，否则等着你的只有死亡！

这是童话。在现实生活中，我们其实也常常面临这类艰难的抉择。到处是美丽却恶毒的诱惑，学会拒绝乃是最重要的生活课题之一，尽管有时候这也许很痛苦。

事实上，拒绝，并不等于只有失去。相反，因为有了拒绝，也就永无负债感、歉疚感，直至恐惧感，我们会享受到许多“干干净净做人做事”带来的超脱、轻松和美好，只是这样的超脱、轻松和美好，许多人当时不以为然，出了事又悔恨莫及罢了。

最好的风水

有一年，在河北遵化参观清东陵，讲解员业务纯熟，在门前广场上，先给我们详细而精彩地讲解了清东陵风水的种种优越：如何的可以确保皇族绵延，江山永固……我听得入神，不经意间没头没脑地突然问：那清朝的皇族现在如何？江山何在呢？弄得讲解员一时语塞，颇难堪。我立刻意识到自己的唐突、无教养，赶紧从人群中溜开。

想起北宋易学家邵雍的一则逸事。

邵雍（1011—1077），有内圣外王之誉，勤于著书，在继承传统象易学基础上对易学进行精心改造，创“先天学”，以数为框架建立起庞大的思想体系，推动了易学的发展和完善。他有一首诗熟悉的人不少：“一去二三里，烟村四五家。亭台六七座，八九十枝花。”常有人借以改造成打油诗。

作为易学家，邵雍相信风水，曾为寻找风水宝地，在山里转了几天几夜后来到山下一个村子，向一农妇讨水喝。说自己在山里迷了路，心急火燎，饥渴万分，嗓子都冒烟了。

村妇舀了一瓢水，随手抓了一把喂驴的干草，扔到瓢里，递给这个陌生的过路人。

邵雍忍受侮辱，小心吹着干草，一口一口喝水。接下来的几天，农妇一家待他倒也周到。他在附近看中了两块风水宝地，临告辞，他把次一点的那块地指给农家说：葬先人于此，家必兴旺。

指点风水宝地，是对农家几天招待的报答；指的是次一点的那块地，是对农妇撒那把喂驴干草的报复。

十几年过去，邵雍再次路过那山村，见当年招待自己的那户农家已是本地最大的富户，主妇正是那位往水瓢撒喂驴干草的农妇。

见到当年的风水先生，一家人十分感激。邵雍忍不住问起农妇头回见面往水瓢里撒草的缘故，方知是自己误会了农妇的好意：在当时的状态下他要是大口喝凉水，其身必伤。水里撒草，是为了让他细喝慢咽。邵雍惭愧不已，泪流满面。

文章作者想要表达的主题是：最好的风水是人品。这是非常正确的。我只是想补充一点，如果农妇给邵雍的那瓢水不是可以直接饮用的水，如果她在水里撒的那把草的农药残留严重超标，那她再好心，邵雍也都惨了。因此我以为，最好的风水应该是没有被污染的人心和自然。

知止有定

每晚散步要路过一家茶店，临街只有一间房，最多十五六个平方。门里两面的墙是敞开的格柜，放着茶叶、书和文房四宝之类。当中只有一张蛮大的长方形桌子。铺上毡子就可以书画。与门相对的那面墙上挂了一幅横批：知止有定。下面的书案后坐了一个花白头发的人，手上常是握了一卷书。据说开店要扎堆才好做生意，但这家店很孤单。那条街很僻静，除了政府机关，就只有几家卖油盐酱醋和蔬菜的杂货店。我每次散步来回从这家茶店门口经过，偶尔见到有一两个人在书案那儿与店主交谈，大多数时候里面唯那店主一人握书独坐而已。

生意如此寡淡，却安之若素，开店所为何来呢？我甚好奇，某日不由踅进门里。

那一晚，我们相谈甚洽。店主退休前是某国企老总，任内最后几年接手了那家半死不活的企业，刚刚盘活就到点了。退休后好几家私企争着高薪请他，他一概谢绝。儿子和女儿都在外地成家了，他和老太婆守空巢，就用一间空置的房间开了这家茶店。该歇时就歇着，他说，钱赚多少算完？没个头的，留给儿女搞不好害了他们。他并不指望茶店生意兴隆，有朋友来坐，就品茶聊天，或切磋字画，没人，就自己读书，总算有时间读一点年轻时想读没时间读的书了。

话题就转到读书上。我向他请教“知止有定”。那幅字出自他本人的手笔，工稳的颜书，一派端肃。

“知止而后有定，定而后能静，静而后能安，安而后能虑，虑而后能得。”这是《大学》上的话。

“止”指归宿，“知止”即知道归宿。在佛教里，“止”指通过坐禅入定，扫除妄念，专心一境，达到寂静的境界；“定”是定向，“知止而后有定”就是知道了归宿，坚守不移。于是“能静”，“静，谓心不妄动”；“能安”，“安，谓随处而安”；“能虑”，“虑，谓处事精详”；“能得”，“得，谓得其所止”。这几“能”是朱子《大学章句》的解释。总之是从容有度，心安理得。

这里描述的是一个进入某种境界的过程，要想进入这个境界，首先要知道“止”。

古往今来，“知止”何其之难。我于是想起清朝同行钱德苍写的《不知足诗》：“终日奔波只为饥，方才一饱便思衣。衣食两般皆具足，又想娇容美貌妻。娶得美妻生下子，恨无田地少根基。买到田园多广阔，出入无船少马骑。槽头扣了骡和马，叹无官职被人欺。县丞主簿还嫌小，又要朝中挂紫衣。做了皇帝求仙术，更想登天跨鹤飞。若要世人心里足，除是南柯一梦西。”

在现实生活里，这种不知道什么是“好”、什么是“了”，“因嫌纱帽小，致使锁枷扛”（《红楼梦》）的人举目便是，前仆后继。

也是啊，店主叹了口气，说起钱德苍还写过的一首《知足歌》：“栋垣何必要嵯峨”，“颇堪容膝且由他”。“田园何必苦谋多”，“身伴闲云挂绿蓑”。“衣裳何必用绫罗”，“布衣亦足遮身体”。“盘餐何必羡鱼鹅”，“欣然一饱便吟哦”。“娶妻何必定娇娥”，“黾勉同心乐更多”。“养儿何须尽登科”，“虽然顽钝可磋磨”。苦口婆心地奉劝世人“请看破，莫求过”，可惜真正听进去并且愿意实行的人不多啊。

这家高悬“知止有定”的茶店，让我看到人的良知的一息尚存。临别，我把这感受告诉店主，说这也许是我们可以不必过于悲观的理由。

不如成人之美

古人讲君子成人之美，不成人之恶，道理很明白，但实行起来并不一定容易。我在文坛多年，觉得这个名利场上，讲成人之美尤难。

听过一则同行的故事：在一次酒会上，一位女作家告诉一位男作家，她看到一位地位颇高的官员的办公桌上放着他新出版的一本小说，那位官员还郑重其事地对她说，这是一本好书。当时宴会厅人声嘈杂，人们尚未坐定，正乱纷纷地寒暄交谈，男作家对女作家报告的消息不做反应。等气氛渐渐安静下来后，男作家才大声问女作家："你刚才说什么来着？”女作家立刻明白了男作家的用意——他希望所有在场的人都能听到对他来说的一个天大的好消息。女作家很反感，觉得这是一种过分的虚荣，于是冷淡地回答：“小事一桩，不值得重复。”没达到目的的男作家瞠目结舌。

女作家当然是这则故事肯定的对象，男作家是这则故事鄙视的对象。但我的感觉似乎有一点复杂。一面很钦佩女作家的格调，另一面又对男作家有一点同情。在一个文学边缘化的时代，一个作家除了一点惨淡的稿酬——有时甚至没有稿酬，能得到这么一点虚荣以自足，实在说不上有多么过分。相反，倒是有一点可怜兮兮的。官员说某本书是好书，未必就一定有多么荣耀，就算是御批钦定的文豪，也不知有多少早被读者遗忘在垃圾堆里了。满足一下这种作家的虚荣心，或许也是一种成人之美吧。

类似的成人之美的例子，中国外国其实都是不少的。

都德在福楼拜家里见到了侨居法国的屠格涅夫，向他倾诉了自己对他才华、人品的无限仰慕。两人由此结下厚谊，屠格涅夫随后成了都德家的常客。尽管如此，屠格涅夫对都德作品的评价并没有改变，在他看来，都德是那个包括福楼拜、龚古尔、左拉、莫泊桑、梅里美在内的文学圈子里“最低能的一个”。但他只是把这个看法作为内心秘密写进了日记，从未向任何人透露过。直到屠格涅夫病逝后，都德才知道真相。

屠格涅夫的日记倾诉，避免了对朋友的公开伤害。毕竟，能力和才华不是交友的最高标准，只要投缘，只要够朋友，这些并不重要。人无完人，再好的朋友也不可能让你处处满意。有些与友谊无关的不足，无伤大雅的缺点，心里知道就行了，非要诉诸言行，就未免褊狭了。

有人问一位哲学家：“您认为谁是当今最优秀的哲学家？”哲学家回答：“一方面我的品格要求我谦

虚，所以不便说出这个名字；另一方面，我的品格要求我诚实，所以又不得不说出这个名字。我这么回答，也许你已经想到了这个名字。如果你没有想错的话，我要谢谢你，因为你既让我保持了谦虚，又拥有了诚实。”

话已再明白不过了，这位哲学家认定自己就是那位最优秀的哲学家。也许事实不一定是这样，但这一定是他真实的想法。不讲自己真实的想法是虚伪的，实话实说又显得浅薄轻狂，于是兜了个圈子。

在某个领域，究竟谁是绝对老大，这样的问题，本身就属可笑。即使非要分出高低，世上也有公认。如果那个问的人非要打破砂锅问到底，把那圈子捅破，痛快是痛快了，却造成了双方的尴尬，以至结下芥蒂，有多大的必要？让人充分享受自我满足的快乐，与他人并无损害，何乐不为？

成人之美是一种修养，需要宽广的胸襟和与人为善的心态。这样的要求也许高了些。但在日常生活中，不把别人的某些并无大碍的缺点看得过于严重，不要凡事不肯放过，我想还是做得到的。因为我们自己也难免有这样那样的缺点啊。

将就与讲究

看到一篇谈人们在生活中的将就与讲究的文章，认为在条件具备的前提下，过日子不妨讲究一些，不必那么将就，一辈子吃饭只求果腹，穿衣只求遮体，永远是一碟老酸菜下水泡饭，一身过了时的旧衣裳。为什么不可以吃好点，穿好点？

这意见我完全赞成。好不容易活一辈子，真不必太亏待自己。我略有些不同意的是，作者所说的“吃好点”指的是公认的美味佳肴，“穿好点”指的是时尚品牌。因为我觉得，美味佳肴和时尚品牌固然不错，但除此之外还有吃好和穿好的方式在。

小时候，父亲微薄的薪水要养一大家子人，日子过得很拮据。饭菜是最简单的，衣裳是典型的新三年，旧三年，缝缝补补又三年，姐姐穿小了给妹妹穿，哥哥穿小了给弟弟穿。但母亲总是把最简单的饭菜做得极为可口，没有油，拿一块肉皮擦擦锅底，把冬瓜、萝卜、豆腐之类烧得看上去、闻起来都像红烧肉。我最喜欢吃的是她用米汤煮的锅巴粥：稀稠适度，上面飘着碧绿的丝丝菜叶和晶亮的点点油星。为了节省自来水的钱，几个孩子的衣裳，母亲每天都挑到很远的河边去洗，靠杵棰和搓板洗得干干净净。晾晒干了，缝补破烂，针线像绣花一样，比没补的还好看。然后用一只掉了搪瓷的大水杯，装上滚烫的水，熨得有棱有角。不明就里的邻家孩子们很是羡慕，对他们家大人说我们家的孩子总有好饭好菜吃，总有新衣新裤穿。

去年到山西平顺县走访，对那儿的生态环境印象极深。这个国家级贫困县的大山都是石头。多少年来，人们硬是在石头上挖出一个个坑，再一担担从山下往上挑土，栽上树苗，再长年累月一担担从山下往上挑水，一直到漫山遍野郁郁葱葱。县城的大街小巷，乡村的屋前屋后，到处收拾得清清爽爽。我最想不到的是，他们将普普通通的家常饭做得这么精细：红白萝卜丝、辣椒土豆丝，细得就像牙签；所有的菜肴酸辣咸淡恰到好处，增之一分则有过，减之一分则不足；玉米、红薯、小米饭，香得让人馋涎欲滴。

过日子是将就还是讲究，乃是一个生活品质问题。我所理解的生活品质是一种舒心，一种惬意，一种不可言传只可意会的感觉，是在自身具备的条件下力求最好。既有找到最佳状态的敏感，又有创造愉悦的心灵空间，特别懂得生活，特别会过日子，能够从中获得快乐、幸福、舒适、安全的主观感受。

生活品质并非什么高深的问题，乃是一种求好的精神，是在一定条件下寻求该条件下最好的风格与方式。真正的生活品质，与人的精神文化追求、对社会与环境的认同密切相关，不是单纯的物质水平问题，不是单有社会财富和个人财富的提高就一定能达到的。在满足基本物质需求以后，品质生活更大程度上其实表现在精神层面，表现在营造生活的意境以及身心的和谐度上。

一个失去求好精神的社会，同时也就会失去生活品质的实相。失去了对生活品质的判断力，以低级炫耀的方式表现自我的生活品质，结果往往适得其反。富裕和福祉并不是一回事。我们在媒体上见到的那些在海外疯狂抢购奢侈品的富裕的人，其所表现出来的粗鄙恐怕很难让人对之产生敬意。反过来，生活中我们常常见到许多人并非豪门身世，然而他们的生活品质却为人羡慕与赞叹，这源于他们领悟生活微妙的独到智慧。

创造美好，拥有美好，维护美好，强调品味品鉴，注重外观和内涵的统一协调，成为一种本能的追求，一种博雅的情怀，一种静水深流的境界，充分表现出对生活的一种成熟理性。

这才是对生活的真正讲究。

有话说在明处

小时候读书，班上同学多数都反感喜欢在背后向老师告状的同学，其中告状最积极的往往是最孤立的，没人愿跟他玩儿。我自己因为常常吃这种同学的苦头——有些“状”是告状的人瞎编的，对这种同学就不光是反感，而是很讨厌了，好多年都不肯跟他们说话。

当然，那时候，告的和被告的都是孩子，都不懂事。

长大了，才知道，“告状”并非什么坏事，上面说的那种“在背后向老师告状”其实应该叫告密。

古往今来，告密曾经成为“群众运动”，受到朝廷的鼓励以至奖赏。许多人因为告密有功而荣华富贵。但即便如此，告密者在常人心目中也未必有什么好的声誉——不论他的目的有多么崇高。而我的认识也许更为极端，一种目的如果不能见人，根本就说不上崇高。正因为这样的认识，我很不喜欢时下流行的内战谍战剧。难道还嫌我们生活中的相互算计、相互构陷，甚至相互投毒太少吗？难道不觉得我们的生活离开温情、离开真诚、离开信任太远吗？这样的问题自然离艺术太远，很没文化——扯远了。

话说回来，所谓告密，就是有话不敢说在明处，或者故意不说在明处。

再后来，我又知道了，告密有时候并不都那么可恶。大多数时候，我们大多数人有话不说在明处，总是有些这样那样的隐衷。笔者曾经多次参加文学评奖活动，多次亲历类似的情形：对公认有可能获奖的作品，大家发言踊跃，大声喝彩；对可能有争议的作品，尤其是有明显缺陷的作品，但却是自己熟悉的同行甚至朋友的作品，表态就很迟疑，目光闪烁，用词谨慎，吞吞吐吐，心里指望的是最好有别人说出否定意见，自己含含糊糊地加以附和。平时在单位，这种情况就见得更多了：开总结评选会，说正面意见的时候，都可以夸夸其谈，一旦说到负面意见，有当事人尤其当事的领导在场，许多人就噤若寒蝉，常常冷场。遇到这种情况，一个单位要是没有一两个“炮筒子”，把话说在明处，会就往往开不下去。

世界是复杂的，有的人有话说在明处，遇上了能够善意对待的人，他很幸运；有些人性格率直却遇上了忌讳这个的人，他也许会吃亏。结果的好与不好都有可能。这辈子我自己就因为这样的“二”幸运过，当然也吃亏过。

尽管如此，尽管我自己也不能保证做到每次都有话说在明处，我还是觉得，有话说在明处比窝在心里或不说在明处要好，敢于有话说在明处的人永远是我敬佩的人。高尔基说，走正直诚实的生活道路，必定会有一个问心无愧的归宿。一个人只要正直真诚，他的坦率最终是可以得到多数人理解的。

父母对儿女说话很少拐弯抹角，就因为是出于真挚的亲情。而说话经常委婉曲折的人，通常让人觉得城府很深。如果一个亲朋好友对你说话总是那么不明不白，你会觉得亲近和值得信任吗？事实上，对无论什么情况下都绕着弯子说话的人，别人往往会心存警惕，而对直率的人，通常不太会有戒心。原因很简单，纯朴自然，说话直率的人，往往不会太有心计。说话直率某种程度表明他做人的坦诚，这种人会比较受欢迎，容易进行心灵的交流，容易融入群体。即使他们的社会地位不高，人们也会觉得比虚伪做作的人要好得多。即使吃了大亏，倒了大霉，他们的人品还是会得到善良人们的高度评价和尊重。古往今来不乏这种淳朴率性的高洁狷介之士，他们心境澄明，独立于世，不染纤尘，受到长久广泛的推崇和纪念。而那些患得患失，从来都不敢伸张正义的人，就是得了天大的好处，还是被人们瞧不起。

当然，有话说在明处，是需要勇气的。马克·吐温就说过：坦白是诚实和勇敢的产物。但不管怎样，有两位名人的话，我认为是值得谨记的。一位是夸美纽斯，他说：对于事实问题的健全的判断是一切德行的真正基础。一位是爱略特，他说：正义像上帝的王国，它不是我们身外的一个事实，而是我们内心的一种热烈向往。对看到的一件事情、一种行为，心里怎么想就怎么说。除了语言有所斟酌，观点一定要明确。倘若老是费劲地去猜测别人会怎么想，长期下去，不知不觉就可能变成一个虚伪的人，一个口是心非的人。

“对自己真实，才不会对别人欺诈。”莎士比亚说得很对。而一个“对自己真实”的人，是心灵最自由的人；相反，“一个虚伪的人，一个口是心非的人”其实是心灵负担最重的人。正所谓“君子坦荡荡，小人长戚戚”。二者谁活得更爽、更快乐，不言自明。

面对诱惑

改革开放初期，我认识的一位当地名演员被一家酒店“诚聘”去做“形象大使”，开的价码也过得去，全部工作就是陪酒店老总请的政府官员和客户头头吃饭喝酒。开头效果似乎不错，当地媒体大肆鼓噪了一阵，各方都觉得颇有面子。但时间一长，各方就有了不爽：演员固然是名演员，毕竟是老男人了，官员和富翁见识一回也就足够了，再来若还是见到这样一张旧菜单似的老男人脸，食欲即便不受影响恐怕也提不起太大的兴趣；演员本人则忽然发现，除了性别、年龄的不同和不用上床之外，自已跟“三陪小姐”其实没有什么不同；酒店老总也渐渐觉得，名演员越来越难伺候，不像开始那样随叫随到。有了开张初期的新闻效果，酒店的名声早已远播，早没有名演员什么事了。

离开酒店后的名演员很痛心，把这次“自取其辱”的经历当作一个深刻的人生教训教育我这一类年轻人：一个人要保持尊严就千万不要受金钱的诱惑。

我当时很认可他的话，暗自下定决心，这辈子决不要被工资和稿费之外的“聘金”之类左右自己的活法。但没想到，等到有一天，有个财政很富裕的文化单位主动提出让我挂个名，他们支付相应的津贴，我还是动了心。若不是当地的财政部门认为那名义找不到相关制度的依据无法付款，我也许就重蹈那位名演员的覆辙了——虽然我不是他那样的名人。

听过一个笑话，说是有位哲学家做过一个实验：

他问两个男人，如果有人出100元买你们的爱妻，你们是否愿意，两个人都摇头。他又问，如果出100万呢？其中有一个点了头。他继续问道，100亿呢？结果另一个人也点了头。

上面说的是一个笑话，但英国哲学家罗素好像还真是这样想的，他说：人之所以有道德，是因为受的诱惑太少。要是有致命的诱惑向某个人的命门发起攻击，没有人能够幸免。

当然现实中没人出100亿去买一样喜欢的东西，也不太可能拿100万去买别人的老婆，但现实中大大小小的诱惑却是无处不在，可以说人有多少欲望，这个世界就有多少诱惑，一个人一生中谁都预料不到会遇到多少诱惑。

我们都是俗人，能保证在任何诱惑面前保持道德的平衡，维护自己的纯洁吗？诱惑有着难以抗拒的力量，有时是我们追逐着诱惑，有时是诱惑在引诱着我们。谁敢夸下海口，说他可以在一切诱惑面前，心坚如铁，不为所动。

不久前，得到通知，让我做一个全国性文学评奖的评委。我最不希望的是接到我曾敬仰的作家或很熟悉的朋友为自己申报评奖的作品打招呼的电话。我始终觉得，一个真正的作家所专注的只会是自己的创作，在各种诱惑面前应该是很淡定的：他会尊重荣誉，但不会对名利太过在意。我希望我最终做出的投票决定完全是我自己独立的决定，丝毫不受外部的任何影响。我最害怕的是我对那些我一向仰之弥高的大作家的敬仰受到哪怕那么一丁点的损害。使我欣慰的是，我没有失望。

当然，诱惑并不绝对是坏东西。在一定的程度上，诱惑可以引发人的激情，或使人产生一种持久的动力，坚定地走向一个既定的目标。诱惑可以改变人的命运，也可以促进社会的发展。

但更多的时候，诱惑使人迷乱彷徨，失去人生方向，甚至失去自我。如何面对诱惑，真是人生的一个大课题。

有人总结了对待诱惑的三个办法，我觉得有一些参考的价值：一是保持平常心，不做白日梦；二是提高对诱惑的临界点，定得越高越好；三是多交几个思想和品位有高度的朋友，以便关键时刻有人提醒自己。

为什么被议论

接到一个朋友的电话，声音颤抖，语无伦次，听了半天才终于弄明白，原来他是无缘无故遭受了别人的非议。非议者在饭局上不知为何说起了我这朋友，说他文章写得不怎样，却深居简出，以名作家自居；说他小说写不出了就赶热闹写毛笔字，让别人向他求字，把自己弄得像个书法家；说他没有男人气，从来不敢泡妞之类。

真是人在家中坐，祸从天上降啊！我不愿出门碍着谁了？我什么时候让别人向我求字了？而今不泡妞也是过错了吗？朋友嗓音嘶哑，几乎是有些悲愤了。

我这朋友一向低调，做人中规中矩，很爱惜自己的声誉。那个非议他的人，与他没有过任何交往，那些非议显然是不负责的。不过，在我看来，对这种不负责任的嚼舌头，根本就没有解释和驳斥的必要，更不值得生气。

古人讲“闻过则喜，知过不讳，改过不惮”，比喻说“君子之过也，如日月之食焉：过也，人皆见之；更也，人皆仰之”。

春秋时代的齐威王颁布告示：“群臣吏民，能面刺寡人之过者，受上赏；上书谏寡人者，受中赏；能谤讥于市朝，闻寡人之耳者，受下赏。”敢当面批评国王的得头奖，写信批评的得中奖，在公众场所议论又传到他耳朵里的得小奖。汉文帝则干脆就废除了诽谤罪；武则天对骆宾王的宽容，更是让很多男皇帝自愧不如。骆宾王的《讨武曌檄》罗列了武则天二十大罪状，把武曌骂得极为不堪。武则天不但不气，还对骆宾王的文才大加赞赏，责怪宰相说让这样的才子流落不遇，是你的过失。

这类故事中国古代还有很多，如蔺相如与廉颇，齐桓公与管仲，韩信与屠夫，李世民与魏征等等，都在中国历史上留下了佳话。

东汉书法家崔瑗年轻时意气用事，怒杀仇人逃亡。几年后朝廷大赦才回到故乡。一时鲁莽让自己吃足了苦头，总结教训，崔瑗作了一篇铭文放在座位的右侧，用以自戒。由此有了后世的座右铭。那篇铭文不长，录之如下：

> 无道人之短，无说己之长。施人慎勿念，受施慎勿忘。世誉不足慕，唯仁为纪纲。隐心而后动，谤议庸何伤？无使名过实，守愚圣所臧。在涅贵不缁，暧暧内含光。柔弱生之徒，老氏诫刚强。硁硁鄙夫介，悠悠故难量。慎言节饮食，知足胜不祥。行之苟有恒，久久自芬芳。

翻译成今天的白话就是：不要笑谈人家的短处，不要夸耀自己的长处。给了人好处不要老念着，受了人好处不要忘记。世人的赞誉不足以羡慕，只把仁爱作为行动准则。凭良心做事，别人的诽谤议论又有何妨？不要名不符实，圣人肯定的是守之以愚拙。洁白的品质即使遇到黑色的浸染也不改变颜色，才是宝贵的，表面暗淡而内蕴光芒。老子主张诫刚强，柔弱才是生命力的表现。庸鄙的人以逞强为志，时间长了谁知会有什么结果。言行谨慎，饮食节制，知足不辱，就能超越不祥。持之以恒地实行这些，久而久之，品格自然就会散发出芬芳。

当然，我们是普通人，不可能达到上面那些大人物和圣贤那样的高度。但努力注意改善自己的恶劣心态，尽可能扩大自己的包容度，我以为还是做得到的。不妨先从以下“三容”入手：

首先是“容言”，好话，刺耳话，都听得进；其次是“容事”，难事，窝囊事，都装得下；第三是“容人”，对强过自己的人，伤过自己的人，都不予苛求。“容”是一种境界，一种美德，更是一种有益于自我身心的养生之道。一个人胸怀宽阔，豁达大度，就会赢得人们的尊敬，自己也就会胜任愉快，整天开开心心。相反，心里装不下一点事，听到一点非议就耿耿于怀，郁郁寡欢，日子将会过得多没劲啊，时间长了说不定还会影响健康。

朋友稍稍安静下来：“你说得当然有道理，但说起来容易，做起来难啊。”我于是问：“你们两个并无交往，更从无过节，但他会议论你，你会议论他吗？”朋友回答：“我连他长什么样都没印象，怎么议论？”我笑了：“这不就结了吗，他议论你，是把你当回事，借此引起别人对他的注意；你对他没印象，是你从来没把他当回事，那你又何必把一个没分量的人说的没分量的话当回事呢？”

朋友在电话那头沉默了一会，说：“也是。”

学会独处

时常在微信上看到一些关于退休的感言，有的是简洁的短文，有的直接就是押韵的小诗，都很精彩。大意都是如何的忽然轻松了，如何的可以从心所欲了，如何的天地广阔了，可以周游天下、广交朋友了之类。但不知为什么，每次读到这一类的文字，我总是会觉出其中包含的某种目的，就是希望别人看到他的豁达，他的满不在乎。其实，效果往往恰恰相反，在这种强作的笑容后面，别人看到的是苦涩、惆怅甚至落寞。

真正的豁达，其实是用心甘情愿的态度，去过随遇而安的生活。什么都不必说。别人怎么看你，和你毫无关系；你要怎么活，也和别人毫无关系。那些不需要解释的事情，从你张嘴那一刻起，你已经在意了。

人生一世，草木一秋。元亨利贞，乃是天命。但只要活着，就要处于最自在的方式，可以没有荣华富贵，没有高朋满座，但不能没有快乐。闭上眼睛能睡着，睁开眼睛还活着，粗茶淡饭能吃饱，钱包不鼓还够花，忙而不累，闲而不烦，就是神仙日子。

有许多无论成就和人品我都很尊敬的同行，他们在上了岁数之后，都最大限度地摆脱了名利的羁绊，对文坛上的各种热闹诸如评奖、排行榜、上名刊选刊，乃至研讨、笔会、讲演、签名售书等等，处之淡然，不再当回事。然而，其中有一种认识，我却觉得还可以前进一大步："一个人真正应该看重的，不是你接近了多少人，而是你孤单的时候，还有多少人接近你。”

这句话，可以表现一个人的无所求，却也流露出了他的有所待。而真正彻底地摆脱羁绊，是无所待。对一个无所待的人，“还有多少人接近你”还重要吗？重要的是接受“孤独”。

这里说的“孤独”，当然还不是庄子那样“独与天地精神往来”，王维那样“行到水穷处，坐看云起时”的清高超迈，只不过是保持相对的独立。

这种独立，首先体现在拒绝种种无聊的社交。

在哲学家看来，孤独为一个精神禀赋优异的人带来双重的好处：第一，他可以与自己为伴；第二，避免了和不三不四的人在一起——这一类的社交往往潜藏着让人不舒服的拘束、烦扰甚至某种不测。

就个人而言，闲居索处的倾向总是与一个人的精神价值直接相关。某种程度上，独处是一种自然的、适合每一个人的生活状态：它使你能重新享受原初的、最符合自己本性的快乐。平静的心境对幸福的重要性仅次于健康。一个能适应独处，并且喜欢独处的人，不啻获得了一笔巨大的财富。

一个人如果自身具备足够的内涵，根本没有必要热衷与人交往。没有足够的独处生活，也就难以获得平静的心境，因为它会随时因为不恰当的交往而受到损害。世界上有许多糟糕的东西，最糟糕的莫过于无聊的社交。法国的伏尔泰交际广泛，也许正因此他说："在这世上，不值得我们与之交谈的人比比皆是。"生活在社交人群当中必然要求人们相互迁就和忍让。有不少聚会，不仅少不了一些你无法称道的人，同时，还不允许呈现个性。我自己就曾遇到这样的尴尬：即使你叙述的是切身经历和感受，只要与他们的想法不合，他们就会毫不犹豫地反驳你。在这样的人群中，有个性的人必须把自己的个性掩藏起来，为了迎合别人不得不扭曲、萎缩自己，达到与他人的投契，以放弃自我为代价，避免他人的反感。因为你的个性本身就构成了对他人的损害，尽管你完全无意这样做。而其他人把无知、无聊、无耻强加给你，却不会有任何补偿。不与之打交道，就是不稀罕这些人。放弃这种社交回到独处，实在是一种明智。

所谓“酒合知己饮，诗向会人吟”，睿智的交谈只属于睿智者的聚会。但最终，让一个人达致最完美和谐的只能是自己。完全的内心宁静，只有在独处的时候才有可能得到。而要保持这一心境，最好的方式就是尽可能地避免无聊的社交。

的确，友情、亲情和爱情会把人联结在一起，但归根到底，人还是只能老老实实地寄望于自己。一个人的自身拥有越多，那么，别人能够给予他的也就越少。事实上，一个人越不需要跟人打交道，证明他的处境越好。自得其乐，认识到最大的拥有就是自身，这是构成幸福的最重要的内容。一个人独处的时候，身体的孤独和精神的孤独互相对应，是完全自由的。即便是从日常的家务、阅读、散步、咀嚼回忆中，都可以获得无穷的乐趣。西塞罗就说：“一个完全依靠自己，一切称得上属于他的东西都存在于他的自身的人是不可能不幸福的。”

对独处的喜爱随着精神能力的提高逐渐形成。一个人对社会交往的渴望程度与他的年龄大小成反比。孤单对儿童是惩罚，对成年人就未必，年纪越大，他就越能够独处。在许多学养深厚、内心世界丰富的老人看来，最好的语言是沉默，最好的姿势是安静，最好的心态是没有心态。

认识到这些，我便十分地安然于独处。十年前移居异地，享受到的最大好处就是最充分的清静。柴米油盐消永日，粗茶淡饭送流年。无事静坐，有福读书；偶得所感，作文遣兴；见朋友若鲲鹏扶摇，衷心恭贺；视自己如蓬间雀戏，不亦乐乎！

显摆的度

“显摆”，应该是北方话。老舍的《骆驼祥子》里有“……越少在大家眼前显摆越好”。南方话单取了一个“摆”字：“摆阔”“摆脸”云云。

“显摆”曾经是个贬义词：发威、炫富、逞才、秀肌肉、秀脸蛋，什么都没得显摆就说“老子先前也阔过”……都难免被人诟病。我自己就犯过贱。有次一位媒体编辑约稿，为了让其放心，我带着一点小得意告诉对方，不久前有篇拙文被某省收进了中学课本。不意对方跟着就说：我们家邻居五年级孩子的一篇作文刚收进了六年级课本。给我噎得！

幸好坐在车子前座，对方看不见我陡然发烧的大红脸。

而今，“显摆”这个词咸鱼翻身，渐有褒义了。网络上看得特别明显：小到晒首饰，晒美食，晒时装，晒养生，晒与明星富豪官员合照，晒宝宝、情人、宠物……大到横扫世界名店顶级品牌，兴建私家会所人间天堂，开口闭口一天不赚一个亿不叫赚钱，支付高昂费用换取世界一流高校“访问学者”之类头衔，等等，如果我们理解为一种展示自己的能力、成功和幸福并与人分享快乐，也未必就要像一个多世纪前的美国寒酸学者凡勃伦写的《有闲阶级论》那样，对此持批判和嘲讽的态度。人多有表现欲。从心理学角度看，“显摆”乃是普遍人性的一种。有网站直接就取名为爱显摆网，利用的就是这样一种展示、分享的欲望。

当然，也有很傻的显摆：耗资六位数最后大部分倒进垃圾桶的“满汉全席”，售价上万元的“月饼”，标价数十万的“金书”“金画”……一部二十万元的手机，耳朵和嘴巴使用的通话功能可能只有几百元，其余的十几万元都贴在脸上；一餐几十万元的年夜饭，舌头和胃享受的最多只有几百元，其余的部分也都吃在脸上。倘若请他免费享用这样的手机和年夜饭，他反而不屑一顾，因为没有形式化、表面化、装饰化的时尚性和标榜性效果。对他们来说，消费已经不是消费，而是显摆的平台。他们自以为这就叫贵族，可骨子里就只是土豪。这种暴发户压根就不懂得，在一个崇尚奢侈消费的时代，尊贵其实体现在“炫耀性非消费”。比如将天文数字的财富捐给慈善事业，就是典型的富豪式“非消费”。

在各自的生活中，人各有选择的自由，谁也无权要求一致。节俭固然是美德，花自己的钱奢侈谁也干涉不了。某种程度上甚至可以说，显摆也是一种生活权利。这里的关键是要与个人素质相匹配，盲目的显摆其实很难得到社会认同。

显摆，说起来谁都好像不喜欢，但实际上谁又都免不了。不同的只是有人表达得曲折些，有人表现得张扬些。然而，显摆也是有个度的，那就是在行使自己显摆权利的同时，也要尽可能尊重别人的生活价值，至少照顾到别人的趣味。

不久前，我的一位朋友告诉我，他很决然地删去了一位老同事的微信。微信是那位老同事提出要加的。他也愿意通过这种便捷的联系方式，与那位分别多年、远隔千里的老同事时常叙叙旧，讨论一些跟曾经从事的专业有关的话题。但随后将近一年，他隔三岔五就会收到老同事发来的这一类的照片及文字说明：在市中心买的豪宅、高档的室内装修、精致的小区花园、孙辈上的贵族学校、省部级的医疗、一年数次的国外旅游……我这位朋友是个特别低调的人，不可能跟人交流显摆，发送过几次他希望谈论的话题，对方置若罔闻。他出于礼貌只能不断点赞、发送祝贺的表情包，这样的回复好像成了一种义务。直到这次把一位他们曾经都十分敬重的中学老师在一家简陋的社区医院去世的消息告诉对方，得到的回复是那老同事两口子在热气球吊篮上一脸天真烂漫的傻笑并做领袖状挥手的照片，随照片发送的说明是“澳大利亚的蓝天”。

毫无疑问，这样的显摆，已经跟分享快乐没有半毛钱关系，呈现的是一种令人嫌恶的自我膨胀，完全漠视他人的感受。让我感慨的是我那位朋友的厚道，这样无聊的打扰，他居然忍受了将近一年。

受辱多因不自重

最近有两件发生在我周边的事，给我触动颇大。

一件是偶遇一位老邻居，说起近况，忽然声泪俱下：前些时他携老伴和小孙女去了南方某城一位老友家。这老友与他情同手足，去年退休，迁去了在那个南方城市工作的儿子家。临走前两人推杯换盏，盛情邀请我这位老邻居有空去做客。哪晓得这回他们应邀前去，全不是那回事。刚见面老友一脸堆笑，听说他们要在家里住几天，马上犹豫了，说，要不给你们找家方便旅店，我来付费用。我的老邻居连声说，用不着用不着，我们在客厅打地铺就行。

他也看出老友儿子家并不宽敞，两室一厅，住了老友两口子加儿子儿媳小孙子五个人。可谁不是从苦日子过来的，挤挤就行了，他不在乎。没想到老友变了脸，正色说，如果你们非要住这里，我跟儿子他们商量商量，你们住我和老太婆住的那间，我和老太婆去住方便旅店。老邻居说到这里，刚停住的老泪又流淌下来：这是什么话呀，这不等于说我们是要鸠占鹊巢，不仁不义吗？这不等于说我们是“闯入者”，侮辱人吗？拒绝就拒绝好了，多年的朋友了，绕什么弯子呀，以为我听不懂？我真想不通，人怎么一到了有钱的地方——自己还没怎么有钱呢，就变得这么没人情了？

一件是一位老领导，退休前一两年开始学画国画，不久就出画册，开画展。媒体一片叫好，称为画坛奇才；企业老总纷纷争购，一时洛阳纸贵。老领导保持着一贯的庄重，心里很欣慰自我角色转换的成功，对一帮在位时只会念秘书写的稿子，一旦退下来就成天除了骂娘不知道干什么好的同行很是同情。接到正式退休文件后，他花了半年工夫，用之前就收到的各类社会赞助建了一座他的艺术馆。原以为这会是一桩石破天惊的大新闻，却没想到，艺术馆剪彩开幕的那天，先前答应得好好的几家主要媒体都说临时另有任务，一个记者也没有派来；预先讲好到时派学生来壮声势的几个学校，不但不见人来，连电话也没人接；最可恶的是那帮在省内外多少有点名气的画家，多少年来隔三岔五就苍蝇似的围着他转，口口声声喊他“大师”，让他批报告、拨经费，靠着这些一个个混得人五人六，现在轮到他需要捧场了，他们却无影无踪。等了半上午，除了几个早已退休闲得无聊，一向为他不屑的老同事外，新落成的艺术馆门前冷落车马稀。事先摆放好的一堆炮仗也没法点着了。老领导止不住咬牙切齿：老了老了，受此奇耻大辱！

也许我生性有些刻薄。我觉得，这两件事，错都不在对方，而在自己，在自己的不知自重自爱。

关于自重自爱，古人有许多教诲。《老子》说“是以圣人自知不自见，自爱不自贵”；《史记·高祖本纪》说“臣少好相人，相人多矣，无如季相，愿季自爱”；唐朝的韩愈说“仆虽骏，亦粗知自爱”（《答刘秀才论史书》）；明朝的方孝孺说“违远日久，愿见之心甚於饥渴。冬寒，惟万倍自爱”（《与讷斋先生书》）。当代书法家启功先生生前有句话说得特别清楚有力：“自重则威，知止有定。”

我理解，“自重则威”就是看重自己的人格，自珍自爱，这样才能建立威信，让人尊重；“知止有定”，就是掌握分寸，适可而止。凡事都有度，知道自己应该在什么地方停止，就会有自己的确定的位置。相反，不知止者必在人前失态。无论在家中还是在社会上，无论是面对亲人还是面对其他人，都有清楚的角色自知，然后找到与自己的角色相应的位置；知道什么是自己应该获得的，什么是自己不应该享有的。从而因为这种必要的修养获得别人的尊重。

1989年，美国盖勒普有一个调查，接受访问的人百分之八十五认为自重极其重要，觉得它不重要的一个也没有。自重的定义众说纷纭。或许我们可以先指出自重的不是：不是自我中心，不是骄傲，更不是放任。

自重是一种健康的自我形象。自重的人对自己有接近正确的认识，同时尊重并关心别人，注意自己的言行，不影响别人，更不伤害别人。自重的人能感受周围和自身的一切，做自己生活以及所经历、所领悟和所发现的事物的主人，并对其承担责任。自重的人会给自己一个生活方向："我要使自己成为一个有爱心的人。"如果你尊重自己，别人也会尊重你。只有自私自利的人才会以为这个世界只有他一个人。

自重和尊严连在一起，自重和名誉连在一起，自重和人的价值连在一起。人自重，才有相应的分量，一如山自重，不失威峻；海自重，不失雄浑。当你的自我感觉超过了你的实际分量，当你去追求一个对你来说名不副实的名头，当你去攀附一个对你来说高不可攀的目标，很不幸，那你就连原有的分量也失掉了，难免遭受别人的轻视、嘲讽、白眼，甚至屈辱。

《淮南子》说“精者神之气，神者人之守”。如何守住这个精神气？唯自重而已。

“人”字最难写

明代书法家韩道亨的《草诀百韵歌》以“草圣最为难”一句开篇，讲的是书体。若论单个的字，则显然最难写的是“人”字。“人”字只有两笔，从书法角度讲，字的笔画越少，越不容易写好。然而，真正难写的“人”字，是从社会学角度讲的那个“人”字。日前，有朋友从网上给我发来一则关于“人”字最难写的文字，将社会学意义的“人”字做了相当广泛深入的解读，主题是“人”字的两笔有一笔没有写好，便不能称之为真正意义上的完整人生。行文简洁明了，议论十分精彩，姑做适当整理删节，援引于此，以与各位分享。

一笔写出生的哭声，一笔写临终的笑容：

前者表明面对生的艰辛，后者表明平生了无憾事。

一笔写成长，一笔写衰老：

人生乃是一个新陈代谢过程。新的不断滋生，旧的不断淘汰。

一笔写进，一笔写退：

人生如登山，上山固难，下山更难。百折不挠，勇于攀登，固然可敬；急流勇退，能上能下，更难能可贵。

一笔写快乐，一笔写烦恼：

快乐和烦恼是人生两翼。幸福与痛苦、欢乐与忧伤，相比较而存在，相激励而前行。

一笔写顺境，一笔写逆境：

顺境是潮起的喧哗，逆境是潮落的叹息。人生有顺境，也有逆境，潮起时预见可能潮落，潮落时相信必有潮起。

一笔写付出，一笔写收获：

人生在得失之间，想有收获，必须付出。最好的做法是只问耕耘，不问收获。

一笔写道德，一笔写才能：

没有“德”这一撇，不成其人；没有“才”那一捺，难以自立。

一笔写权利，一笔写责任：

没有没权利的责任，也没有没责任的权利。放弃权利，为别人的喜恶而活，是为奴才；不担责任，只坐享其成，是为寄生虫。

一笔写自己，一笔写爱人：

爱之双方合力，撑起一家美满。

一笔写朋友，一笔写对手：

从朋友得到帮助，从对手得到砥砺。

一笔写前半生，一笔写后半生：

前半生生长，后半生结果。有人前半生艰难困苦，后半生飞黄腾达；有人前半生志满意得，后半生暗淡无光。命运握在自己手中。

一笔写“真我”，一笔写“假我”：

“人”字两笔，一撇为真我之灵性，一捺为假我之色身。人生转眼白头，不妨时时自问：这一生是为“真我”而活，还是为“假我”而活？

读罢上文，因为极喜欢这行文的别致，我忍不住东施效颦，狗尾续貂，竟不惜贻笑大方。

一笔写阴，一笔写阳：

一阴一阳谓之道，一撇一捺谓之人。精神是阴，体魄是阳，精神高尚，体魄强健，兼得才是完美；夜晚为阴，白日为阳，不纵情纵欲，不暴饮暴食，节制就是修养。

失为阴，得为阳，得之不喜，失之不忧，方有心态平衡；哀为阴，乐为阳，乐而不狂，哀而不伤，方有心志安康；辱为阴，宠为阳，宠辱不惊，其喜洋洋；祸为阴，福为阳，祸兮福所隐，福兮祸所伏；死为阴，生为阳，有人活着，已经死了，有人死了，依然活着。

虚为阴，实为阳，虚实相间，进退裕如；里为阴，表为阳，表里一致，是为诚信；私下为阴，公开为阳，公开则坦坦荡荡，私下则慎独守真，是正人君子；弱为阴，强为阳，恃强凌弱者弱，不畏强暴者强；柔为阴，刚为阳，刚柔相济，张弛有度。

静为阴，动为阳，动如疾风，静如涧草，动静得宜，方成事功；止为阴，行为阳，行于所当行，止于所当止，行止有据，淡定从容；后为阴，前为阳，前后相续，乃始终如一；左为阴，右为阳，左右兼顾，必左右逢源。

黑为阴，白为阳，知白守黑，谦恭自律；卑为阴，亢为阳，不卑不亢，是为自尊。

幼为阴，长为阳，长幼相亲，即是黄金；女为阴，子为阳，子女相合，即见其好；地为阴，天为阳，天地交泰，万物同春。

愿天下人人写好“人”字，愿天下人人修成完人。

后 记

古人说的“读万卷书，行万里路”，是一种高标准、高品质的生活。对此生命的追求，真正实施者甚少。读书破万卷不容易，远行也是多有不便。时间走到了今天，旅途变得十分通畅，行万里路已经不是问题，读万卷书却仍不是件易事。这需要个人的自觉及社会的推动。而文字是一种释放，也是一种交流。作家的写作同样需要与读者互动。

漓江出版社顺应需要，提出了散文精品城际阅读，编辑系列名家丛书，以迎合扑面而来的旅途与信息相融的高铁时代。

谈起选题时，我们就谈到了“七”这个数字，它是“赤橙黄绿青蓝紫”的七，是“哆来咪发唆拉西”的七。让人联想到色彩的无限斑斓与乐曲的美妙变化。那么就定为七人吧，每一两年邀约七位活跃于当今文坛的作家，以构建可资阅读、珍藏、研究的厚重文库。

作家们欣然响应，很快传来了书稿，我们根据情况，组成不同年龄、不同性别、不同地域、不同风格的七人展。毋庸置疑，随着时间的推移，这个精品文丛将会显现出它茁壮的生命力。

由于疫情及其他缘由，这一辑稍有拖延，但我们仍然会看到欣喜的收获。

王剑冰

2020 年冬

王剑冰，著名散文家，我社《中国年度散文》《中国年度散文诗》主编，“旅伴文库 · 散文精品城际阅读”主编。

请记下你与日子的美好相遇

请记下你与日子的美好相遇

请记下你与日子的美好相遇

请记下你与日子的美好相遇

请记下你与日子的美好相遇

请记下你与日子的美好相遇

请记下你与日子的美好相遇

请记下你与日子的美好相遇

请记下你与日子的美好相遇

请记下你与日子的美好相遇

请记下你与日子的美好相遇

请记下你与日子的美好相遇

请记下你与日子的美好相遇

请记下你与日子的美好相遇

请记下你与日子的美好相遇

请记下你与日子的美好相遇